JN080948

北欧の教育最前線
市民社会をつくる子育てと学び
Study Circle on Nordic Education
北欧教育研究会 編著
The Forefront of Nordic Education
Childcare and Learning for Democratic Society

明石書店

はじめに

みなさんは、学校の体育館の壁に、何列も平行に並んだ木の棒が設置されているのを見たことがありますか？「肋木（ろくぼく）」という名の体操器具ですが、登ったり、足をかけて逆さ吊りになったりした人もいるでしょう。あるいは、タオル掛けとして使った人の方が多いかもしれません。体育でよく使われる跳び箱や平均台、肋木は戦前にスウェーデン体操の道具として導入されたものです。それ以来100年以上にわたって日本の体育指導に使われてきました。今となっては、自然な風景として学校に溶け込んでいます。

子どもから大人まで大人気のムーミンは、フィンランド発と思われがちですが、原作はスウェーデン語で書かれています。当初の作品では毒々しく、醜いキャラクターでしたが、これをカラフルに、ポップに愛らしく表現したのは日本のアニメ制作会社でした。原作者のトーベ・ヤンソンは色付けに不満があったようですが、フジテレビでのアニメ放送がなければ、いまのような世界的なキャラクター・ビジネスは成立していなかったかもしれません。

地理的には遠い北欧ですが、その影響は意外と私たちの身近にあります。本書では、魅力たっぷりの北欧の教育を紹介するとともに、その「最前線」で私たちと同じように悩み、奮闘している様子を等身大でお伝えしたいと思います。また、原稿の執筆にあたっては、研究者としての専門性も踏まえて、理想的な面だけではなく、その成り立ちの歴史や文化、社会を少しでも深掘りして、立体的に理解できるように書くことを心がけました。

本書出版のきっかけは、『教育新聞』での連載「世界の教室から 北欧の教育最前線」にあります。北欧教育研究会のメンバー3人が子連れでスウェーデンのウプサラ大学に赴任したことを契機に、2018年に始まりました。本書はそれらの連載記事を再編集し、さらに書き下ろしの原稿を加えて刊行するものです。

全体は5章立てになっています。第1章は本のタイトル通り「北欧の教育最前線」として、みなさんにまず読んでいただきたい特徴的なトピックを集めました。第2章は「伝統と革新」です。北欧の教育の歴史や思想に触れて、「どうしてそうなっているのだろう?」という疑問にお答えします。第3章は「日常の風景」です。本書の狙いでもある「生活者目線」で書いた原稿を集めました。魅力いっぱいの北欧ですが、そこに暮らす人々は普段どのような生活をしているのでしょうか。第4章は「課題と挑戦」です。日本と共通した課題や、日本への示唆が得られるような挑戦を取り上げます。第5章は「光と影」です。理想郷のように見られる北欧ですが、その裏には私欲まみれのスキャンダルもあります。本書の最後に、人間らしいドタバタ劇をお示しすることで、少しでも北欧への親近感を感じていただければと思います。このように章立てをしていますが、もともとコラムとしてそれぞれの原稿が独立していたものなので、どこから読み始めていただいても結構です。目次をご覧いただき、気の向くまま、興味のある章から読み始めてください。

題名どおり、本書は最新事情を扱っています。そのため、内容はすぐに古くなってしまうかもしれません。しかし、「今」のひとつひとつの出来事は、これからの教育を占う経験として活用されるでしょう。その意味で、本書が皆様の理解に少しでもお役に立てると嬉しいです。

北欧教育研究会は２００４年に始まった「ファンクラブ」です。研究者や学生だけでなく、主婦やビジネスマンなど、多様なメンバーが集まって情報交換や勉強会を重ねてきました。本書でも随所で説明されるように、北欧は権威主義を嫌います。そのような社会に魅せられた私たちも、一部の「専門家」が独り占めするのではなく、「みんなの北欧」をそれぞれの好みで嗜む会を作りたいと思っています。この本を手に取ってくださったみなさんも、機会がありましたら、研究会にぜひご参加ください。

本書の編集は、連載チームでもある林寛平、本所恵、中田麗子、佐藤裕紀が担当しました。みなさんの感想を聞ける日を楽しみにしています。

林　寛平

目次

北欧の教育最前線

第1章 北欧の教育最前線

第2章 伝統と革新

第3章 日常の風景

第4章　課題と挑戦

第5章　光と影

日本に伝わる北欧教育の軌跡　#TracesOfNorth

「北欧」に魅せられてきた日本人

……未来の学校――すべての子どものための学校として――は、引続き一般教育を継続しながら、同時に個人個人に合せた計画もつくることになるであろう。わたしの夢みる学校には、通信簿も褒賞もない。「卒業試験」に類するものはおこなわず、修得した知識に対して口述と筆記のレポートを求める。その際に「試験官」は、細部の知識ではなく、全般の教養で成績を決定する。試験官は生徒とともに、戸外で自然のなかを散策しながら、静かに自然について、人間について、過去について、現在について、かれらが何を知っているか聴問する。

これは、国際児童年だった1979年に小野寺信・百合子夫妻によって翻訳されたエレン・ケイ（1849~1926）の『児童の世紀』（冨山房百科文庫）からの引用である。ケイがこの本をスウェーデン語で書いたのは1900年。学校教育は暗記中心で体罰も容認されていた時代に、ケイは、大きな庭園に囲まれ、立派な本を備えた図書館のある学校で、子どもたちが自主的に研究したり、美的感覚を養ったり、自らの特性を伸ばしていくという学校を夢見ていた。この本は、各国語に翻訳され、20世紀初頭の新教育運動を通じて世界中に影響を及ぼした。

日本では、1906年に大村仁太郎による抄訳『二十世紀は児童の世界』（同文館）が出版されている。また、1947年に文部省の小学校『國語　第六学年上』に要約版が掲載された『デンマルク国の話――信仰と樹木とを以て國を救ひし話』（内村鑑三、聖書研究社）は1913年に出版されている。これは、戦火で荒廃した農地に木を植えて緑の野を復興したデンマーク人親子の話である。ケイの思想やこの親子のエピソードは現在の北欧でも知る人は少ない。しかし、日本では、これらを通して明治・大正期から第二次世界大戦後まで、子どもや自然を大切にする平和で理想主義的な「北欧」のイメージが育まれた。

湖を臨むエレン・ケイの邸宅。夏季のみミュージアムとしてオープンされ、中を見学できる。
（撮影：澤野由紀子）

1960～70年代にかけて、北欧諸国は高福祉国家のモデルとしてますます良好なイメージが加わった。保育・幼児教育や障害児教育においてものびのびとした教育環境で個性が重視され、社会人になっても学び続けることのできるリカレント教育や生涯学習のシステムがあることが紹介されるようになる。

教育の「北欧モデル」

昭和時代までの日本では北欧の教育を専門とする教育学者は少なかった。しかし、ベルリンの壁崩壊やソ連消滅の後、教育分野のグローバル化が進み、新自由主義的教育改革の手法が世界を席巻するようになると、平等と効率の両方を重視する北欧型教育への関心が高まった。平成時代、市民レベルでも北欧との国際交流が盛んになると、高校や大学の学部時代に北欧に留学して北欧諸語に堪能な若者が増えた。彼らが大学院に進んで教育研究を志すようになり、研究の対象や方法も多様になった。本書の執筆者は正にその世代の若手研究者が中心である。

国際社会では、ＯＥＣＤ（経済協力開発機構）が実施する生徒の学習到達度調査（ＰＩＳＡ）で２０００年代前半にフィンランドが好成績をあげたことや、２００８年のリーマンショック後の北欧諸国の経済回復が目覚しかったことから、北欧の国際的競争力の高さと、それを支える教育と生涯学習の水準に注目が集まった。

これを機に、北欧諸国も、信頼、平等、持続可能性、革新、開放性を共通の価値観とする想像の共同体としての「北欧」が連帯を強めた。ここには、フィンランド、スウェーデン、デンマーク、ノルウェー、アイスランドの5か国に加えて、自治領のオーランド、フェロー諸島、グリーンランドが含まれる。現在、北欧諸国は世界で培われた良いイメージを「北欧の軌跡」として逆輸入し、世界の「スーパーモデル」としてのブランディングにつなげている。なかでも教育と生涯学習は21世紀の知

（左）ストックホルムで開催された「北欧の日」のイベント。「すべての人々のための一つの北欧 (Norden)」（撮影：澤野由紀子）
（右）北欧モデルのブランディング・サイト（写真提供 : The Nordics）

識基盤型社会を支えるものとして世界一の制度づくりを目指すようになった。

日本では、教育が専門ではない起業家が北欧型の教育と生涯学習に着目し、団体や会社を立ち上げる動きが新たに見られる。彼らは、北欧の教育に学ぶワークショップやスタディツアーを企画し、SNSを通して参加者を募っている。北欧の伝統的民衆教育、特にデンマーク発の生涯学習施設であるフォルケホイスコーレに注目し、衰退した感のある日本の公民館などに代わる新しいタイプの学びの場をデザインしようとする「社会的起業家」も出現している。

北欧諸国による北欧モデルのブランディングの成果の現れともいえるが、社会民主主義を支える公共善として発展してきた北欧型民衆教育の理念がビジネスとの融合でどのように継承されるのか、興味深い。日本における「北欧の軌跡」の今後に注目したい。

［澤野由紀子］

第1章

北欧の教育最前線

「北欧の教育」と聞いてどのようなイメージが浮かぶだろうか？

少人数でのびのびとした教育、子どもの参加を促す民主的な学校、手厚い子育て支援、ICTの活用――北欧の教育には、世界が注目する。最前線の現場は、イメージ通りであったり、想像をはるかに超えていたり、すごい、面白いと思わず唸ってしまうものだ。その背景にある社会、思想、文化について掘り下げてみると、魅力がさらに増すに違いない。

[佐藤裕紀]

1 キャッシュレス時代の算数

2030年までに現金がなくなる

スウェーデンではキャッシュレス化が急速に進んでいる。紙幣と硬貨の流通量は5年前に比べて35%減少していて、2030年までには現金が消滅するという予測もある。

スウェーデン国立銀行の調査によると、スーパーなどでの現金による支払いは2010年には全体の40%を占めていたが、2016年には15%まで減少している。また、過去1か月のうちに現金での支払いや預け入れで困った経験があると回答した消費者は97%に上った。

筆者自身、ウプサラ市に引っ越してからほとんど現金を使っていない。スーパーや飲食店では少額でもクレジットカードを使い、友人とのやり取りにはスウィッシュ（swish）という手数料無料の送

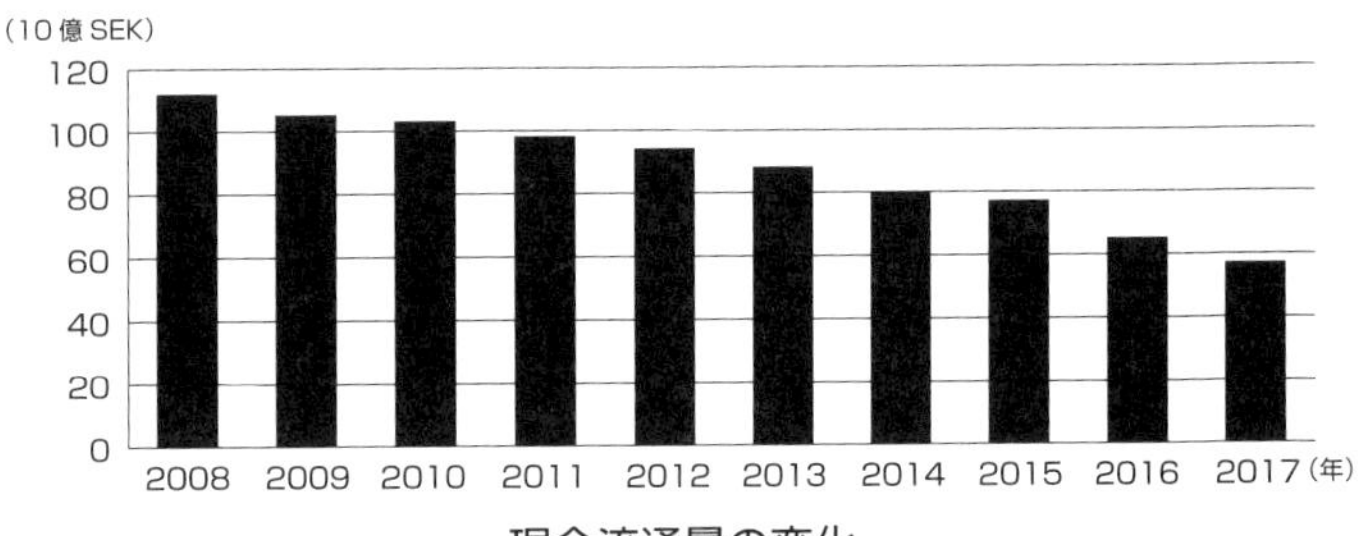

現金流通量の変化

出典：スウェーデン国立銀行

金アプリを使用している。

2015年2月にいち早くマイナス金利政策を始めたスウェーデンでは、銀行の経営が厳しい環境に置かれている。預金には利息がつかず、現金の取り扱いはコストを増やすばかりだ。22万人が住むウプサラ市では、すべての銀行がキャッシュフリーになり、現金の預け入れができるATMは市内に2台だけになった。

キャッシュレス社会では財布が軽くなり、スリの心配も減って便利だ。支払いはカードの利用明細に記録されるので、レシートを管理する手間も省け、家計簿をつけるのも簡単になる。何より、お釣りを計算する習慣がなくなった。

学校もキャッシュフリー

先日、ストックホルム郊外の学校を訪問した時に、ふと気になって現金を使っているかを聞いてみた。教員らは普段、現金を使う機会はまったくないといい、何人かは空の財布を見せてくれた。スウェーデンの学校では家庭からの集金が原則禁止されている。給食も文房具も、必要なものはすべて公費で賄われる。ただ、例外もいくつかあって、希望する生徒だけで旅行に出掛けたり、パーティーをしたいといったときには、バザーを開いたり、募金を集めたりすることがある。

この学校では今年から、バザーもキャッシュフリーにしたという。子どもたちは年齢によって反応が違った。ほとんどの子どもたちが送金アプリのスウィッシュを知っていたが、低学年は現金を使うことが多いということだった。6年生くらいになると、多くがスウィッシュやカードを使うようになり、現金を使う機会が減っていると話してくれた。

おはじきセットにクレジットカード登場

これほどキャッシュレス化が進むと、算数でおはじきを使って教えたり、お釣りを計算する問題を解いたりする必要がなくなるのではないか。驚いたことに、最近、おはじきセットの中にクレジットカードが登場したそうだ。

スウェーデンの学校では、ずいぶん前から算数の授業で電卓やタブレットを使っているため、おはじきセットにクレジットカードが入っていても違和感はないのだろう。こうなると、おはじきセットにスマートフォンや送金アプリが加わるのも時間の問題かもしれない。その場合、算数の要素はどこに残るのだろうか。

スウェーデンはナショナル・テストでも電卓の利用が許されている。「手計算や筆算をしっかり教えないから、内容が高度になるにしたがって数学嫌いが増えて、成績も振るわないのだ」と主張する

算数の授業風景（撮影：林寛平）

教員もいる。

一方で、「問題を解決することが重要で、手段を目的にしてはいけない」と主張する教員もいる。おはじきセットの変化は、具体から抽象へという教授学の前提を問い返している。

かつて学校は新しい技術を地域に先駆けて教える場だったが、昨今は社会に取り残されて歴史博物館のようになっているという批判がある。スウェーデンは国を挙げてデジタル化に努めているが、学校が先進技術の発信拠点となり、新しい世代を育てていこうとする姿勢には学ぶところが多い。

補記

キャッシュレス化はさらに進行し、最近では国民の「現金で払う権利」をどう保障するかが議論されている。事業者には「契約の自由」があるため、契約条件で現金取引を拒否することは認められる。消費者に事前に情報を提供し、選択権を確保するために、店の入り口にキャッシュフリーの掲示を義務付けるなどの対策が考えられている。

［林　寛平］

2 スウェーデンおむつ論争

「保育料」には何が含まれるのか？

スウェーデンでは「おむつ」が熱い注目を浴びている。プリスクール（förskola：幼保一体型の施設）で使うおむつを誰が買うべきか、最高行政裁判所の判決にもちこまれたのだ。

発端は、ヴァルムドー市にある私立プリスクールがおむつを提供していなかったことに対して、市が3万クローナ（約34万円）の罰金を科したことだ。行政裁判の第一審と第二審ではヴァルムドー市に軍配が上がった。つまり、プリスクールはおむつを提供すべきだと判断されたのだ。私立プリスクール側は「おむつは洋服と同じ扱い」と考え、最高行政裁判所に申し立てた。

スウェーデンのプリスクールは原則有償で、家庭の収入状況などによって保育料が決まる。し

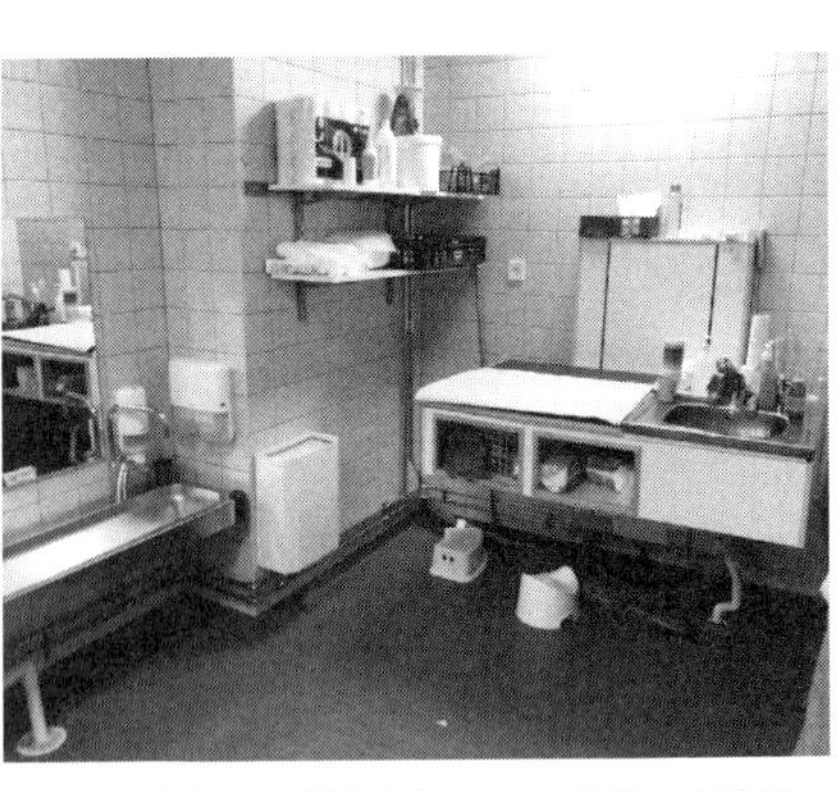
スウェーデンのプリスクールのおむつ交換台
（撮影：林寛平）

かし、全国的に保育料の上限が決められており、たとえば２０１８年度の月額は第一子の場合１４２５クローナ（約１万６０００円）、第二子は９５０クローナ（約１万１０００円）、第三子は４７５クローナ（約５０００円）が最大である。

この保育料に何が含まれるかについて、法的な規定はない。広く合意されているのは、給食費は必ず含まれ、洋服代は含まれないということのようだ。そのため、ランチやおやつは園で提供されるが、着替えや雨具、防寒着は保護者が用意する必要がある。

おむつはグレーゾーンで、ほとんどの自治体では保護者が持っていくものだった。今回の最高行政裁判所の判決によって、おむつ代が保育料に含まれるかどうかが判断される。

膨大なおむつ代

プリスクールがおむつを提供すべきと判断されれば、保護者にとって良い知らせだろう。子育て家庭にとって、おむつ代は大きな負担だ。スウェーデン公共放送（ＳＶＴ）は子ども一人当たり年間

2000クローナ（約2万3000円）の節約になると試算する。また、おむつを定期的に園に持っていく手間も省ける。

プリスクールの先生たちにも負担軽減になる。2年前からおむつを提供している園の教員は、「保護者におむつの補充を頼む必要がなくなったから、良い関係性を作ることに集中できる」と肯定的だ。おむつが統一されて管理されていれば、おむつ交換の作業もより効率的にできそうだ。

ナッカ市の園ではおむつが大量に保管されている（撮影：林寛平）

一方、自治体はプリスクールのおむつ代を見積もり始めて戦々恐々としている。マルメ市はおよそ1万7000人の園児を抱えており、おむつ代は350万〜1000万クローナ（約4000万円〜1億1000万円）にも上ると推定されている。担当者は、「プリスクールの他の費用から回すか、他の分野の予算から回すしかない」という。

ナッカ市のプリスクールは、すでにおむつを提供している。比較的裕福な自治体として知られているが、ある園長は「おむつ代が高くて大変。毎年値上がりしている」という。

もしおむつが園で提供されることになれば、就園率が高いスウェーデンでは、大部分の家庭がその利益を享受することになる。しかし、それが自治体の予算を圧迫し、他の分野や活動にしわ寄せがいくことが懸念される。

最高行政裁判所はどう判断するのか。

補記

２０１９年12月に最高行政裁判所は私立プリスクールの上訴を棄却した。これにより、プリスクールがおむつを提供する義務があるという第二審の判決が、この論争の結論となった。しかし、スウェーデン地方自治体組合（ＳＫＲ）が「これまでのおむつに関する慣行の変更を推奨する根拠にはならない」という解釈を発表したこともあり、自治体によって実際の判断は分かれることになりそうだ。

［中田麗子］

3 みんなのアントレ教育

高校生の起業大会

スカイプ、スポティファイ、マインクラフト、キャンディクラッシュなど、スウェーデンから世界に羽ばたいたベンチャーが脚光を浴びている。こうした起業家精神は、どのような教育によって育まれているのか。スウェーデンのアントレプレナーシップ（起業家精神）教育を取材した。

2019年3月6日、ウプサラ市のスポーツアリーナを会場に、Ung Företagsamhet（UF＝「若者の起業家精神」の意）の地区大会が開催された。近隣から集まった約千人の高校生たちがブースを連ね、自分たちが起業した会社のパンフレットや商品を手に、立ち寄る客に熱心に話しかけていた。

UFは、世界的に展開するJunior Achievementのスウェーデン支部である。地区大会で優秀賞に

UF 地区大会の様子（撮影：中田麗子）

選ばれると、全国大会に進み、さらにその先にはヨーロッパ大会が待っている。

UFは主に高校生・高校教員を対象に、アントレプレナーシップ教育の教材や研修を提供している。このプログラムでは、企業の立ち上げ方や商品・サービスの仕入れ方、販売の仕方、人事や財務、帳簿のつけ方や納税の方法などを幅広く学ぶ。特徴的なのは、プログラムの終わりに、立ち上げた企業をたたむところまで教えることである。起業から廃業までの流れを学ぶことで、企業経営の全体像が理解できるように工夫されている。

便利グッズから散髪サービスまで

技術コースに通う男子生徒のグループは、リュックサックが肩からずり落ちるのを防ぐために、胸の部分に装着するベルトを販売していた。彼らはパーツを調達し、ミシンを使って自分たちで製作したという。ブースでは、自作のプロモーション動画が流れていた。5月に会社をたたむまでは売り続けるつもりだという。

美容師コースに通う女子生徒グループのブースでは、華麗なヘアスタイルのマネキンが飾られていた。彼女たちのアイデアは「出張美容室」だ。高齢者福祉施設などに出張して髪を切る。ブースでも散髪をしていて、希望する客の順番待ちができていた。

移民とアントレ教育

移民の生徒とアントレプレナーシップ教育は相性が良い。ある高校を訪れた際には、海外からやってきて、ようやくスウェーデン語を習得したばかりの生徒たちがUFの説明を受けていた。企業の就職面接で不利な彼らにとって、自営業は描きやすい将来像だ。雑貨店やレストランを経営したり、タクシードライバーになったりする移民は多く、社会統合のロールモデルになっている。スウェーデンの自営業者のうち21％が外国の背景を持つ人たちで、特にシリアやイラン、トルコからの移民が多い。

地区大会でも、移民の高校生グループをいくつも見かけた。アフガニスタン出身の男子生徒のグループは、手作りのアフガン料理を販売していた。彼らは校内の大会で優勝したという。

アントレ教育は全員必修

スウェーデンの基礎学校（日本の小・中学校に相当）と高校では、ナショナル・カリキュラムの「総則」にあたる部分に、アントレプレナーシップ教育が必修として含まれている。基礎学校では独立した教科ではなく、すべての教科を通じて扱うべき内容とされている。高校ではさらに、イノベーション思考なども学ぶことになっている。学校教育庁（Skolverket）のウェブサイトでは、アントレプレナーシップ教育の教材・研修を提供する団体を四つ紹介していて、UFはそのうちのひとつである。
スウェーデンを含む北欧では、自営業や小規模な企業が多い。起業家精神は、特別な人たちだけが持つべきものではなく、移民を含めたすべての子どもたちに必要なものとして位置づけられている。

［林　寛平・中田麗子］

4 ＩＣＴで休校問題は解決するか？

保護者の協力が鍵

北欧はＩＣＴ先進国として知られている。デンマークでは新型コロナウイルス感染症拡大の影響で学校が２０２０年３月中旬から閉鎖となったが、その際、教員はＩＣＴを活用して生徒と連絡を取ったり、課題を出したりして対応した。

ニナちゃんはロスキレ市の小学校に通う1年生だ。4月中旬までの閉鎖期間中、アウラ（Aula）という学習管理アプリを使って先生から送られてくる宿題をしていた。宿題の内容は算数や文法などのアプリを使ったオンライン学習や、ノートに日記を書くことなどだ。また、毎日決まった時間にビデオチャットをつなぎ、30分程度、教員やクラスメートと顔を合わせた。教員はアプリのログで生徒の学習状況を把握した。

保護者は、仕事との両立に努めながら家庭学習をサポートしており、教員とはアウラを通じて連絡をとった。自治体が一人一台貸与したタブレットも活用していた。

教育省の傘下にあるデンマーク教育研究ITセンターは、ユニ・ログイン（Uni-Login）というシングル・サインオン・サービスを提供していて、これにログインすることでデジタル教材がダウンロードして使える。アウラとユニ・ログインは、デンマーク全土の公立学校で導入されている。

欧州委員会の「第2回学校調査：教育におけるICT（2019）」によると、デンマークの学校のデジタル環境や生徒のコンピューター利用頻度は、EU平均を大きく上回っている。デンマーク政府は1990年代から教育におけるICT活用に継続的に投資し、すべての生徒がさまざまなデバイスにアクセスできるように支援してきた。近年ではすべての学校にワイヤレスネットワークを整備し、生徒、保護者、教師のためのプラットホームの創設、デジタル教材購入費の補助、ICTを活用する教員のネットワーク化などを進めてきた。

学校閉鎖中にタブレットで宿題をする子ども
（撮影：Yuka Harikai Drejer 氏）

新型コロナウイルスの感染拡大に伴い学校は一斉閉鎖となったが、ICT環境が整備されていたおかげで、学校教育の一部の機能は維持できた。当時の学校理事会の全国組織代表は、多くの保護者は閉鎖期間中の家庭学習によく対応しているとコメントした。

ICTだけではフォローできない

しかし同代表は、保護者による子どもの学習支援には、教員による指導と同じ質の教育は期待できないため、学校閉鎖中に家庭へ求める対応は最小限にとどめるべきであるとも述べた。実際、保護者にかかる負担は学校や教員によって差が生じていた。保護者によっては、紙ではなくタブレットでの学習ばかりが続くことへの懸念の声もあったようだ。

また、成績が振るわない生徒や、困難を抱えた家庭の生徒への支援には課題があった。これまでは保護者と面談して対応できていたことが、アウラやSNS、そして電話を通して連絡を繰り返しても、保護者から返答がない場合があったためだ。

困難な地域にある学校の校長によれば、問題を抱えている家庭の生徒たちにとって、学校は避難所でもある。これまでは、学校で生徒の様子を見て支援できていたのが、閉鎖期間中は、生徒自身が学習への責任をもたなくてはならない状況になる。生徒のオンラインでの学習履歴や参加状況を見ると、不参加で、家庭とも連絡が取れない生徒がクラスに一人か二人はいたという。

そうした場合、今回の学校閉鎖措置に伴って設置された緊急ケア施設に連絡をした。ソマリア系移民の家庭に対しては、外部の団体の協力を得てソマリア語で連絡を取った。保護者によっては、学校が閉鎖中にオンラインでの家庭学習があると思っていなかった人もいたという。

保護者が、学校閉鎖中の学習に子どもが参加していないことを問題だと思っていない場合、教育を受ける権利が保障されなくなってしまうため、対処が必要となる。当時、教育大臣は、困難を抱えた家庭や、家庭内暴力、両親の離婚、祖父母の死など、緊急的なケアが必要な子どもたちには、教員が毎日電話する必要があると述べていた。

日本で政府が進めているＧＩＧＡスクール構想では、全国の学校に一人一台の端末と校内通信ネットワークを整備することを目指している。デジタル教科書の活用、オンライン教育、個人の学習データの収集・分析によって、誰一人取りこぼすことのない個別最適化された学びが実現するというわけだ。

しかし、そのことによってかえって疎外されてしまう子どもや家庭が生まれるという視点を忘れてはならない。学校閉鎖期間中にデンマークで起きた状況は、近い将来、日本で起こりうる課題でもある。

［佐藤裕紀］

5 人を貸し出す図書館

「人」が「本」になる

人を貸し出す図書館「ヒューマンライブラリー」をご存じだろうか。障害者や人種的マイノリティなど、偏見を持たれたり、敬遠されたりしやすい立場にある人が「本」となって貸し出される。「読者」は一対一あるいは少人数でその「本」の語りに耳を傾け、対話をする特別な図書館だ。

「読者」は、受付でタイトルとあらすじを読み、自分が借りたい「本」を選び、予約する。そして予約時間になると、その「本」と自由に対話を楽しむのだ。「本」の語りには、生きにくさを含む内面の自己開示が含まれていて、読者は「本」を傷つけない限り、何を聞いても良い。この点が講演会と大きく異なる。台本もないため、1回限りのライブ感がある。そして、たまたま興味をもった

「本」との偶然の出会いもある。

デンマークから世界へ

「Don't judge a book by its cover（本を表紙で判断してはいけない）」というモットーを掲げるこの活動は、デンマークのＮＧＯ「ストップ・ザ・バイオレンス（Stop the Violence）」が２０００年に始めた。北欧最大のロックの祭典であるロスキレ・フェスティバルで、対話による偏見の低減を目指して実施されたことで大きな注目を集めた。

本との対話を楽しむ様子（写真提供：ヒューマンライブラリー・オーガニゼーション）

現在では、首都コペンハーゲンをはじめとしたデンマーク各地の公立図書館、学校、教員やソーシャルワーカーを養成する大学、企業の研修などで実践されている。また２０１７年からテレビ番組としても放映され、反響を呼んでいる。

活動は海外にも広まり、ヨーロッパ、北米、アジアをはじめ、80か国以上で実践されている。日本でも２００８年以降、大学や市民団体を中心に広がり、２０１７年にはネットワーク組織として日本ヒューマンライブラリー学会も設立された。

「本」になる人とは

「本」の例としては、障害や病のある人、アルコールや薬物依存症の人、ＬＧＢＴ、デートＤＶやいじめ、虐待などの被害経験を持つ人、児童養護施設出身者、不登校や通信制高校経験者、移民や難民、全身タトゥーを入れている人やフェミニスト、元ホームレスやニート、誤解やイメージで語られがちな職業の人（政治家など）が挙げられる。

タイトルとあらすじが書かれたカタログ
（撮影：佐藤裕紀）

こうしてみると「本」になるのは、私たちの身の回りに一定数存在するにもかかわらず、直接出会う機会が少ない人が多い。社会によってマイノリティにされている人たち、と捉えることもできる。

対話で偏見を低減

ヒューマンライブラリーがデンマークで広がった背景に

は、移民排斥運動やソーシャルメディアが広がる中で、異なる考えや背景をもつ他者との分断が進んでしまっている状況がある。多様な人々との開かれた対話の場を持つことで、偏見を減らすことが期待されている。

２０１７年の調査結果で、コペンハーゲン市の若者の26％、また非西欧のルーツを持つ若者の43％が差別された経験があると答えた。同市はこのような状況に対して、反ユダヤやイスラム教嫌悪への対策、学校における差別・偏見を低減する教育活動を予算化し、ヒューマンライブラリーを教育機関で実施する取り組みを進めている。

あなたが「読者」ならば、どのような「本」を借りたいだろうか。それはなぜだろうか。近くにいるはずなのに、自分と接点がないのはどのような人々だろうか。

ヒューマンライブラリーの実践は、日本の学校にはまだなじみがない。社会に開かれた教育課程を進める中で、私たちの社会に確かに存在する、多様な背景を持つ人々を受け入れてはどうだろうか。

［佐藤裕紀］

6 広がるホイスコーレの世界

「生のための学校」

日本でも注目されるフォルケホイスコーレ（以下ホイスコーレ）は、現在デンマークに約70校ある。「生のための学校（School for life）」ともいわれ、参加者が自分や社会を知り、人生の意義を探索する場とされている。入学試験はなく、17歳半以上であれば誰でも参加できる。参加者はアートや社会問題、時事的なテーマなど、さまざまな科目を学びながら、他の参加者や教員と寝食を共にする。

２０１９年は最初のホイスコーレが設立されて１７５周年だったことから、９月にコペンハーゲン近郊で「ホイスコーレ国際サミット」が開催された。デンマークから60人、海外から57人、総勢１１７人の参加者が集まった。

国際的な教育改革への危機感

主催したデンマークホイスコーレ協会によると、サミット開催の背景には、国際的な教育改革への危機感がある。それは、成人教育や生涯学習が語られる際に、民主主義や人間形成、人間の在り方への問いが見落とされがちだという点だ。それらは、ホイスコーレが大事にする「民衆教育」の視点だ。サミットの冒頭で文化大臣のジョイ・モーゲンセンは「価値観が多様になり、正解のない社会の中で生きる若者が、人生に迷うこともある。ホイスコーレでは、自分の情熱の燃やし方を学ぶことができる。それは目標達成や経済的・社会的な成功とは別の情熱の燃やし方である」と述べた。まさに、現代におけるホイスコーレの存在意義を言い表しているといえる。

一方で、近年、世界的にホイスコーレへの関心が高まり、実践者から知識の共有と協力体制への要望が増えているという。サミットでは、今後の国際的な協力体制づくりについても話し合われた。

対話的でフラットなサミット

サミットでは、参加者が、今日のホイスコーレで重要な4つのキーワード「コミュニティ形成」「民主的な教育」「生の啓蒙」「持続可能な開発のための教育」について議論した。

たとえば「コミュニティ形成」についてのセッションでは、多様性やインクルージョンに関する講義とホイスコーレの事例を聞き、「分断が進む社会において、コミュニティを作り、統合する役割をホイスコーレがいかに果たせるのか」「ホイスコーレ自体が社会から分断された機関であり新たな社会の分断を生んでいるのではないか」という問いを議論し、自分たちができる小さなアクションについて語り合った。

別の日には、参加者の考える「ホイスコーレらしさ」について、グループに分かれて議論した。キーワードとして「批判的思考」「自由」「啓蒙」「共生」「対話」などが挙がった。

サミットの間、参加者は朝礼、合唱、ダンス、ストーリーテリングなどの活動に加わり、寝食を共にする中で昼夜語り合った。発表や発言をするだけでなく、時にファシリテーションを任されることもあった。対話的でフラットな関係性が重視されるホイスコーレ同様、サミットも主催者と参加者という関係性を越えた手法が取り入れられていた。

サミットの様子（撮影：矢野拓洋）

国際的な広がり、日本にも

ホイスコーレは19世紀半ばに、文化的・社会的に抑圧されていた貧しい農村部の若者たちのために構想された。彼らが自らの文化や民族性に自信を持ち、自分たちを取り巻く環境を変革できるようになることを目指した、社会運動の側面を持った学校であった。

その後、外国からの参加者が自国に持ち帰ったことで、多様な実践が世界に広がっていった。それらは、成人教育や移民・難民の包摂、労働者運動や公民権運動、平和運動と結びついた学び、学力偏重に対するオルタナティブな教育、貧困地域の人々への民衆教育や女性のエンパワーメントとして実践されてきた。

日本においても、歴史的にホイスコーレが参考にされてきた教育の場がある。大正時代に農村部における青年教育の場として部分的に導入された国民高等学校や、戦後に住民自治、民主主義を学び実践する場として構想された公民館などだ。

今日では、従前の教育制度や就職活動の在り方に疑問を持つ若者や、セカンドキャリアのための学び直しを求める年配者が主な主体となり、ホイスコーレを取り入れ、草の根から社会を変革する機運も高まりを見せている。単に生計を立てるための学びではなく、納得のいく暮らしを手に入れるための学びに、ホイスコーレの今日的な意義が見出されているようである。

［佐藤裕紀・矢野拓洋］

7 一人一人が「グレタさん」

社会に物申す若者

北欧の若者パワーが熱い。スウェーデンのグレタ・トゥーンベリさんが国連でスピーチをして注目を集めたが、北欧では子どもや若者が社会に意見を申し立てることは日常茶飯事で、むしろ奨励されている。デンマークの生徒会の活動を取り上げて、社会に物申す若者たちの様子を伝える。

授業をもっと面白く！　教員に研修を！

最初に、生徒会による提言を二つ紹介しよう。

デンマークの基礎学校（撮影：佐藤裕紀）

デンマークでは若者の理科離れが問題になっているが、生徒たちにいわせれば、それは当然の帰結である。理科の授業は多くの生徒にとって「古びた物理室とプリント」というイメージだからだ。同時に、自然科学は重要な分野であることを認める。

彼らの解決策は、「授業をより現実世界に結び付け、エキサイティングなものにすること」である。もちろん、理科を教える先生たちは、その分野の教育をきちんと受けた教師であるべきだ。

また、学校における民主主義教育をより強化すべきであるとも主張する。教員は民主主義について説明するだけでなく、自ら民主主義を示し、生徒とともに実践すべきだ。そのためにも、まず生徒会を担当する教員にきちんと研修を実施してほしいと要請する。教員が「たまたま」顧問になった場合、生徒会活動に対する理解が不十分なため、生徒会の自立性や自己成長が妨げられるだけでなく、生徒たちの議論を支配するだけになってしまう場合があるからだ。生徒会組織とデンマーク教員組合は、協働して生徒会顧問教員の研修を行うべきだとしている。

これらは、生徒会の全国組織「デンマークの生徒（Danske skoleelever：ＤＳＥ）」による提言である。ＤＳＥは１９６０年代に各学校で生徒会が組織されるようになったことを背景に、１９６９年に全国組織として設立された。さまざまな提言やキャンペーン、全国コンテストや表彰、生徒会メンバーに対する研修などを行っている。

生徒会提言が教育を動かす

ＤＳＥのウェブサイトでは、身近な学校生活や授業といった「学校ポリティクス」についての政策提言が並ぶ。これらは決して、ごく少数の熱心な生徒によって作り出されているわけではない。ＤＳＥのメンバー校は約９００校（全国の基礎学校の約半数）であり、全国に支部がある。

提言が社会的に取り上げられ、教員や教育政策を巻き込んだ議論につながることもある。たとえば２０１７年のＤＳＥの全国集会では、学校に個室シャワー設置を要請することが決定された。デンマークの学校では体育の授業のあとにシャワーを浴びることが慣習となっているが、基礎学校の高学年（日本の中学生に相当）では半数弱の生徒しかシャワーを浴びていないこと、一部の生徒がシャワーを理由に体育の授業を欠席することが問題になっていた。背景には、メディアや広告で「理想的な」身体が強調され、自分の身体に自信を持てない生徒の存在がある。

ＤＳＥは、誰もシャワーを浴びることを強制されるべきではないが、他の生徒と一緒に浴びたくない生徒のために、個室シャワー設置はひとつの解決策になるのでは、と主張した。

これに対し、デンマーク学校体育協会は「個室シャワーという提案は行き過ぎだ」と反論しつつも、保護者とも議論すべき課題だと認めている。この問題は、学校における身体や性の教育についての問題にも広がっている。

試される大人

生徒たちは自校の生徒会や全国ネットワークを通して、学校生活をよりよくすることに参加している。

デンマークの基礎学校は、民主主義を学ぶ場としての重要な役割が期待されているが、生徒会の活動はその期待をまさに体現している。

活動は校内にとどまらず、自治体予算を獲得する活動や、他校とつながって全国の学校・教育を改善していく活動にまで広がりがあるのが特徴だ。これは、教育や社会が、生徒たちの自主的で民主的な実践を意味あるものとして位置づけているからに他ならない。

しかし、見てきたとおり、生徒からの意見は時に大人に「厳しい要求」をつきつける。それらを真摯に受け止め、対等に議論し、合意形成につなげられるか。民主主義の教育を実践するとき、本当に試されるのは大人たちなのかもしれない。

［佐藤裕紀・中田麗子］

8 学校選挙は大盛況

投票率87・2%の選挙

スウェーデンは新型コロナウイルス感染症対策においてロックダウンを行わないという独自路線を取ったが、その際に注目されたのは、政策の内容だけでなく、国民の政府に対する信頼感の高さであった。選挙における投票率が高く、自分たちの選択の結果今の政府があるという意識が、国民の間に広く共有されていることの現れだろう。

２０１８年の総選挙における投票率は87・２%と極めて高い。しかも18歳から29歳という若い世代における投票率は85・０%であった。20代の投票率（２０１７年の衆議院議員総選挙）がわずか33・9%と、およそ３人に１人しか投票しない日本とは大きな開きがある。

しかし、スウェーデンの若者が政治に対してことさら高い関心を持っているわけではない。ある調査によれば、「あなたは今の自国の政治にどのくらい関心がありますか。」という問いに対して「非常に関心がある」または「どちらかといえば関心がある」と回答したスウェーデン人の割合は、わずか57・1％に過ぎない（ちなみに日本人は43・5％）。つまりスウェーデンでは、特に政治に関心があるわけではないけれども投票する若者が多い（そして日本はその真逆）ということである。

ホンモノの学校選挙

政治に関心があろうがなかろうが、投票に参加するのは国民として当たり前、という意識を醸成する上で一役買っているのが、学校選挙である。

日本でも、選挙権が20歳から18歳に下がったことを契機として、模擬投票を行う高校が増えた。しかし、多くは架空の政党に対する投票であり、実際の政党を用いて模擬投票を実施している高校はごくわずかだ。実際の政党を用いた模擬投票を行おうとしたら、教育委員会に「待った」をかけられた高校もあると聞く。いくら本物の投票箱や記載台を自治体から借りて実施したところで、架空の政党に投票するママゴトには付き合っていられない、それなら受験勉強に専念させてくれ、と訴える高校生が少なくないのも無理はない。

それではスウェーデンの学校選挙はどうか。これはもちろん任意で行われるものであるが、基礎学校の7年生から9年生（日本の中学生に相当）、高校生の約7割が参加している。

政党の選挙キャンペーンの様子（撮影：鈴木賢志）

学校選挙の活動は、総選挙が公示され候補者が出揃ってから、総選挙の投票日の直前まで実施される。スウェーデンの総選挙は完全比例代表方式であり、投票者は希望の政党名が印刷されている用紙で投票する。用紙には各政党の候補者の名前が記されており、特定の候補者にチェックをつける。チェックが多い候補者の名簿順位が上がるという仕組みだ。学校選挙では、政党名、候補者名が記載された本物の投票用紙を利用する。しかもその結果は学校ごと、さらに全国で集計され、公表される。

候補者が高校で討論会

スウェーデンも日本と同様に投票年齢は18歳なので、学校選挙の結果は実際の議席にはほとんど影響を与えない。けれども、将来を担う若者たちがどの政党を支持しているのかという情報は、社会に大きなインパクトをもたらす。政権与党に対する若者の支持が低

高校討論会の様子（撮影：鈴木賢志）

いことが学校選挙で示されれば、その政権は若者の主張を取り入れ、若者向けの政策を実施せざるを得なくなる。生徒たちもそのことが分かっているからこそ、真剣に考えて投票に参加するのである（ちなみに学校選挙の投票率も80%を超える）。

そのため、学校選挙の時期になると、各政党が候補者を学校に派遣して討論会を実施する。もちろん学校は政治的に中立でなくてはならない。しかし、日本のように実際の政党とは一切関わらないということではなく、派遣依頼に応ずる政党の選り好みをせず、また教員が自分の政治的信条を生徒に押し付けないという点を徹底することによって中立を保つようにしている。

普段はシャイでおとなしいスウェーデンの高校生たちも、この討論会では大いに盛り上がる。質問を求めると多くの手が挙がる。それもいわゆる優等生ばかりでなく、鋲（びょう）のついた革ジャンを着た、いかにもワルそうな生徒が、彼らの目線で思うことを遠慮なく候補者たちにぶつける。候補者が良いことをいえばヒューヒューと盛り上がり、逆につまらないことをいえばブーイングが飛ぶ。はっきりいって、とてもお行儀の良いものではない。

しかし、立場も考え方も違う人々が互いに意見を交わし合い、その中で自分が政治を任せても良いと思える政党に投票して、自分たちの代表を決めていく。高校生はこのような場に身を置き、自分で考え、実際にある選択肢から自分の答えを探していく経験を積むのである。こうした経験は、国会議員の人数や憲法の条文の内容を逐次暗記するよりも、民主主義の主権者教育として、ずっと大切なことではないだろうか。

［鈴木賢志］

9 「選ぶこと」と民主主義

何も選べない日本の保育園？

スウェーデンから帰国して日本の保育園に通い始めた息子が、ある日、「今日はみんなで登り棒をした。何をして遊ぶか選べなかった」と驚きをもって話してくれた。そして「日本の保育園では何も選べない。おやつもだよ」という。面白い！　と思った。ここには、日本とスウェーデンの教育がもつ価値観の違いがよく表れている。

日本では、「良いものをすべての子どもに」という考えが強く、良い経験や良い食事をみんなに平等に与えることが重視されている。一方で、スウェーデンの教育は別の論理で組み立てられている。教育の第一目標は、民主主義を民主的な方法で学び、社会に参加させることだ。その素地(そじ)を作るひととつとして、「選ばせる」教育が行われている。

1歳児にも選ばせる

サンドイッチの具材を選べるプリスクールの間食
（撮影：中田麗子）

ウプサラ市にあるプリスクールでは、午前中のおやつは毎日果物だ。先生がバケツいっぱいにりんご、バナナ、洋梨、オレンジなど、さまざまな果物を入れてきて、子どもたちの前に座る。そして、ナイフで手際よく果物を切り、子どもたちに一切れずつ渡していく。

このとき、必ず一人一人の子どもに「何がほしい？」と聞く。まだ言葉が話せない子どもには、２つ以上の果物を見せて、「どちらにする？」と聞き、指差させる。

小さい子どもたちを前にして、果物をその場で切って配るだけでも手間なのに、もうひと手間かけるのだ。そのくらい、「選ばせる」ことはプリスクールの先生方の言動に浸透しているといえる。

プリスクールにいる間、子どもたちはほとんどすべての場面で「選ぶ」「自分で決める」ということをしている。園庭で遊ぶときは、どの遊具を使って誰と遊んでも

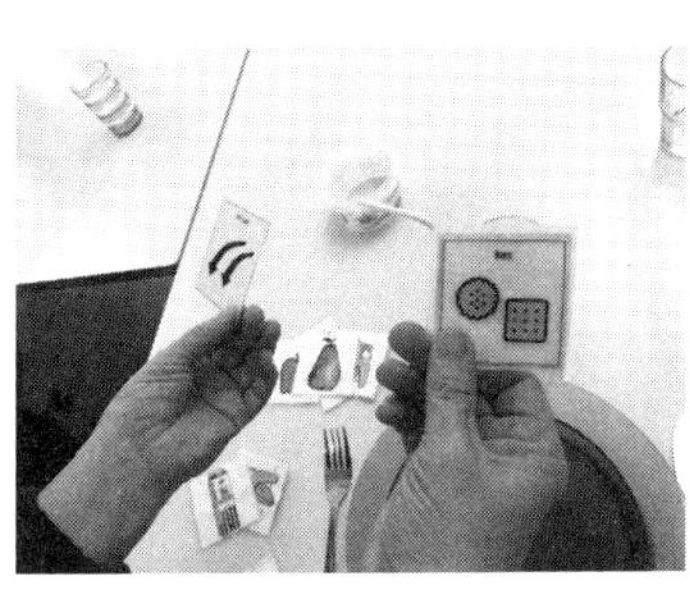
特別支援学校では絵カードを使って何を先に食べるか選ばせる
（撮影：中田麗子）

いい。ランチの時間にはビュッフェや大皿から自分が食べたいものをとり、牛乳か水かを選ぶ。近くの公園や図書館に行くときに、先生が子ども一人一人に「今日は行きたい？」と聞き、園にとどまる選択肢も与えられる。

先生たちは、子どもたちができる範囲で、可能な限り自分で選ばせようとしている。スウェーデンに来て間もない移民の子どもにも選ばせるし、特別支援を必要とする子どもにも選ばせる。

子どもの参加と影響力を重視

小さいころから「自分で選ばせる」ことを重視するのは、スウェーデンに根付く文化といえる。これはナショナル・カリキュラムにも明記されている。すなわち、自分で選び、自分と自分の周囲に影響を与えることが、民主主義の要素とされているのだ。

カリキュラムでは、プリスクールは「民主主義に基づく」と明記されており、そこでの教育は民主的な形で行われ、社会に参加するための基礎をつくると書かれている。基礎学校や特別支援学校のカリキュラムでは、「責任ある自由」をもって社会に参加できるようにすることが、学校の任務だと表現されている。

「選ばせる」ことは、「子どもの参加と影響力」に関連づけられる。すなわち、「自分の状況に影響を与えるために考えを表明する」ことへの関心や能力を発達させることが、目標のひとつに挙げられているのである。

民主主義への小さな積み重ね

確かに、自分が食べたいものを選ぶ、自分がやりたいことを選ぶのは、「自分の状況に影響を与えるために考えを表明する」実践だ。そして、自分の選択には責任が伴うことも子ども自身が感じることになるだろう。

こうした実践は、自己責任論に陥る危険性もはらんでいる。「好きなものしか食べない子どもはそのまま偏食になってしまうのか?」「公園や図書館に一度も行かない子どもがいても良しとするのか?」――あんばいが難しいが、スウェーデンの教員の専門性は、こうした場面でのやりとりや見守り、活動の編成を工夫するなどの点において発揮されるともいえるかもしれない。

「選ばせること」を重視することで、失うこともあるかもしれない。息子は、日本の保育園に通って好き嫌いなく食べられるようになったし、竹馬やなわとびができるようになった。どちらが良い悪いというわけではなく、重視する価値観が違うのだ。

しかし、物心ついたころから「選ぶ」という行為と経験を積み重ねてきた場合と、そうでない場合とでは、大人になったときに自分や社会に対する見方が全く異なってくるのは確実だ。「選ばせる」教育は、スウェーデンが教育を通してどのような社会を実現したいか、そのビジョンをうかがわせる事例である。

［中田麗子］

10 デンマークの子ども・若者議会

授業より議会が優先

北欧の高い投票率はよく知られているが、実は選挙以外にも政治に参加する手段がある。たとえば、地方自治体への政策提言である。日本にも「子ども議会」や「若者議会」があるが、デンマークではこうした議会はどのような活動をしているのだろうか。

オーフス市の子ども・若者議会では、選挙で選ばれた13歳から17歳までのメンバー31人が、若者政策や地域の課題を議論し市議会に政策提言をしている。活動は市庁舎の議場で行われ、メンバーだけで話し合う日と、市議会議員を交えて気軽に議論する日の2種類がある。月に1度、平日の昼に市庁舎に集合するが、どのメンバーも、授業を休んで参加する許可を学校から得ている。

オーフス子ども･若者議会（撮影：原田亜紀子）

活動前のランチも楽しみのひとつだ。自治体が用意したサンドイッチを食べながら、ワイワイとおしゃべりをする。

子ども・若者議会で話し合う内容は、地域課題だけではなく、彼らが当事者として関与する議題も多い。若者の喫煙問題や、発達障害のある生徒への支援といったものだ。

大人の提案を差し戻し

活動の結果、子ども・若者議会での提言が実現することや、大人が提案した議案を子ども・若者議会が差し戻す場合もある。たとえば、市議会が若者のための余暇施設の閉鎖を提案した際に、子ども・若者議会は、その場所が若者にとっていかに大事な場所かを訴え、施設の閉鎖が回避された。

市議の提案が覆ったことについて、市の職員は「これでいいのです。これが民主主義です」とうれしそうにコメントした。

「子どもの権利条約」採択以降、「子どもの声を聴く」ことは各国で重視されている。しかし、「本当に」子どもの声を聴くのは容易ではない。子どもを支援しているつもりが、大人の決定に従わせていないか。子どもに大人の思うような活動を押し付けていないか。大人は常にその支援の姿勢が問われる。
「政治参加」というと、まず投票行為が思い浮かぶ。一方で、日常生活でさまざまな立場の人と話し合い、悩みながらみんなで意思決定をすることも、また政治参加である。その積み重ねが「市民」を形成するのではないだろうか。

若者の居場所としても

このような子ども議会や若者議会は各国に存在するが、共通する課題は、いわゆる「意識高い系」の人ばかりが集まり、大半の若者は蚊帳の外であったり、大人が若者たちの意見を聞くだけで、実質的な影響力がなかったりすることだ。一見参加を促しているようで本質的には参加できていないことが、若者の政治不信や無気力につながっているともいえる。

この課題を乗り越えるために、オーフス市の子ども・若者議会では、選挙で選ばれた議会メンバー以外も参加できる活動グループをおく。活動グループは文化施設などのオープンスペースで活動し、参加は自由である。活動グループには、配信されるメーリングリストを読むだけの人や一度しか現れない人もいる。

そして活動グループ、子ども・若者議会は共に、ただ議題について話し合うだけの場ではない。みんなでピザを食べに行く、旅行に行く、クリスマスの食事会を楽しむなど、お互いを知り親睦を深める場、若者の居場所としての役割も果たしている。

活動グループの高校生メンバーの1人は「ここでよい友達ができ、友達に会うのが楽しみで通っていました。3年間参加したことを通して、自分の意見をもち、その意見を表現できるようになりました」と語っている。

また、職員の1人は「ここには、ボランティアや社会への関心が高い人だけではなく、友達が欲しい人など、さまざまな人が集まります。学校ではうまく居場所が見つけられない、あるいは何らかの問題を起こした人も、ここに来ればまた違ったタイプの若者と出会うことができるのです」と話す。活動グループは、学校以外でさまざまな若者が出会う居場所としての価値もあるのだ。

デンマークに約60の子ども・若者議会がある。活動の活発度はさまざまであるが、意思決定に参加する場を保障すると同時に、さまざまな子どもや若者が広く参加できるように試行錯誤している。

［原田亜紀子］

第2章

伝統と革新

深い森、穏やかな湖、入り組んだフィヨルド、どこまでも広がる平原、雪に覆われた険しい山々——北欧では至るところで、長い年月が作り出した雄大な自然に出会う。

社会や教育もまた、長い時間をかけて構築されてきた。私たちが触れる「北欧らしさ」は、決して自明のものではなく、人々の挑戦や努力の上にできたものだ。そして、現在もなお変化し続けている。こうした背景にある歴史や、現在の試行錯誤に目を向けてみよう。

[本所　恵]

1　敬称改革——先生に「やあ、モニカ！」

教師をファーストネームで呼び捨てる慣習

スウェーデンの学校では、プリスクールから大学まで、どんな先生に対しても敬称はつけず、ファーストネーム（名）で呼び捨てにする。保護者も、子どもも、同僚同士でもそうだ。いまでは気にも留めずにこの習慣に従っているが、背景には歴史と思想があった。

学生運動の遺産

発端は1960年代末の学生運動にさかのぼる。フランスで火が付いた大学民主化運動は、ベトナム反戦運動やプラハの春事件と呼応しながら、世界規模の反権力運動へと発展していった。

熱気はスウェーデンにも及んだ。1968年には、ストックホルム大学で占拠事件が発生した。争点は政府が5月に提出した大学改革案だった。学部を3年制にそろえ、学生が選択できる授業の幅を狭め、単位不足の学生は退学させようとする改革だった。ベビーブーム世代による急速なニーズ拡大に応えるために、より多くの学生を受け入れ、なるべく早く卒業してもらうための案だった。

学生側はこれをトップダウンの大学管理だとして反発した。学生側の求めに応じて、オロフ・パルメ教育大臣（のちに首相）が学生との公開討論に応じた。

大臣は壇上に立つと「君たちも社会改革の主役だが、君たちは社会全体を代表しているわけではない。変革を熱く語っている君たちが、大学改革だけは反対するとしたら、それはエリート主義的な発想ではないか」と学生側を批判した。この中で、大臣が「社会」という単語を使うと、フロアの学生から「どの社会のことだ？　お前と財閥のか？」とやじが入った。大臣はこれに対して、「それは私たちが作っていく社会だよ。暴力を排し、自由選挙で社会問題を解決する民主的な社会だ」と力強く応えた。

占拠は4日間に及び、空腹に耐えかねた学生たちが自ら建物を明け渡すことによって、非暴力で決着を見た。この事件にかかわった多くの若者が、後に政治の舞台で活躍している。

「敬称改革」

学生運動と同時期に、「敬称改革（Du-reformen）」が起こった。「改革」といっても法律で決められた制度的なことではなく、賛同する人の輪が自然と広がっていった現象だった。きっかけは日刊紙が敬称の使い方を変更したり、当時の社会庁長官が職員を「du（ドゥー）」と呼び始めたりしたことだった。

スウェーデン語では、英語の「you」にあたる二人称の「あなた」という言い方について、私的な場で近しい友達や子どもに対しては「du」を使い、公の場や目上の人に対しては「ni（ニー）」を使うという使い分けがある。「敬称改革」以前は目上の人に「du」を使うのは失礼だと考えられてきたが、反権力運動はこの単語に民主的なイメージを付け加えた。人々が「du」を使うようになると、ファミリーネーム（姓）に「先生」や「教授」といった肩書をつける言い回しも使いにくくなり、あっという間にファーストネーム（名）を呼び捨てる習慣に変わっていった。

かつての「おはようございます、ヨハンソン先生（教授）」といううやうやしい呼び方は、「やあ、モニカ！」といったように、かなりフレンドリーになった。

引き継がれた思想と慣習

反権力運動は学校にも大きな影響を与えたが、若い教師たちは板挟みになり、大変な思いをした。教師の多くは内心では運動に賛同していたが、生徒や保護者からは権力側とみなされ、自身の権力性を批判された。権力による抑制が効かなくなると、学校の規律は崩れ、いわゆる「教室の荒れ」が全国に広がった。生徒からの暴力はエスカレートし、ついには自殺に追い込まれる教師も出た。

子どもの支援者役に徹する教師（撮影：林寛平）

このような危機的な状況を受けて、学校では補助の教員（ティーチング・アシスタント）を配置したり、チーム・ティーチングを取り入れたりして、ひとつの教室に複数の大人を配置するようにした。この動きが現在のグループ学習や個別学習につながっている。

北欧の教室を見ると、先生と生徒が対等な立場で学習し、グループでのプロジェクト学習を積極的に取り入れている姿がある。学校民主化運動から半世紀がたち、関わった教師たちは全員退職した。人は入れ替わっても、思想と慣習は引き継がれている。

［林　寛平］

2 スウェーデンにはなぜ「待機児童」がいないのか

保育所がないスウェーデン？

スウェーデンに保育所は存在しない、と書くと誤解を招くかもしれないが、実際のところスウェーデンでは、制度上、保育所は存在しないことになっている。1975年に、保育をおこなう保育所と幼児教育をおこなう幼稚園が統合されて「プリスクール（förskola）」となり、1998年にプリスクールは学校教育法に定められた学校の一種となった。だから、児童福祉施設としての保育所は存在しないということになるのである。

とはいえ、現在でもプリスクールを「保育所（daghem/dagis）」と呼んでいる人は多く、実質的には保育所として認識されているので、「スウェーデンに保育所は存在しない」という表現にはやはり語弊があるかもしれない。

スウェーデンのプリスクールは「保育の必要性」が認定された場合にのみ利用できる福祉施設ではなく、「すべての子どもの権利」として保障された教育機関である。厳密にいうと、親が就労（育児休業中・求職中も含む）あるいは就学している場合、1～5歳までの子どもはプリスクールに、6歳児は就学前学級に通うことができる（スウェーデンでは両親ともに育児休業の取得が定着しているので、0歳児の保育需要は極めて少ない）。スウェーデンでは学生以外で仕事をしていない人は「失業者（求職中）」とみなされるので、つまるところすべての親がこの条件にあてはまる。そして、プリスクールに入りたいのに入れない「待機児童」はほとんどいない。

待機児童問題と闘ってきた保護者

かつてはスウェーデンでも、保育を求める子どもの数に比して保育所定員が圧倒的に足りず、保護者が集団で立ち上がって保育所の拡大を求めた時代があった。1970年前後のことである。「すべての子どもに保育所を！」というスローガンを掲げてデモ行進がおこなわれ、子どもを抱いた親たちが国会の傍聴席を埋めた。

スウェーデンは今でこそ女性の社会進出が進んだ国として知られているが、1950年代まで、成人女性の圧倒的多数は主婦だった。女性の労働市場への進出が加速したのは1960年代以降で、1970年代初頭には育児世代の約半分の女性が家庭外で仕事をもつまでになった。しかし、保育所に通っていた子どもは1割に満たず、保育所不足はきわめて深刻な問題だった。

若い親たちの切実な訴えを受けて、1976年に国と自治体が協定を結び、1981年までの5年間で保育所定員を10万人分増やす取り組みが始まったが、保育需要は供給を上回るペースで増え続け、無認可保育所で当座をしのぐ状況が続いた。

子どもの権利としての入園

保育拡大の運動が盛り上がりを見せていた1975年に、保育所と幼稚園がプリスクールとして統合された。これは、子どもが保育所に通っているか幼稚園に通っているかによって保育・幼児教育の内容に違いが生じていた状況を是正し、生育環境の平等化を図るための改革だった。さらに、保育・幼児教育を「すべての子どもの権利」として保障することが検討されるようになったのは、1985年のことである。待機児童の解消の見通しが立たないなかで、当時の社会大臣が国会に、働く親とその子どもに対する社会サービスとしてではなく、子ども自身の権利保障として「プリスクール全入」を実現させるという法案を提出したのだ。この法案は、その後のスウェーデンの保育・幼児教育政策を方向付けた「歴史的法案」であったとみなされている。

この法案が可決されたのち、毎年20%ずつ待機児童の数を減らしていく計画が立てられ、1993年には、生後18か月から就学年齢までのすべての子どもがプリスクールを利用する権利をもつことが法律で定められるに至った。平等な権利保障を目指して推し進められたスウェーデンの幼保一元化は、「待機児童ゼロ」と理念的に不可分のものだったのである。

子どもの発達は社会の責任

1996年の改革でプリスクールの管轄が社会省から教育省に移り、1998年には所管法が社会サービス法から学校教育法に変更された。現在、プリスクールの事業は学校教育法に規定されており、教育省が発する指令、学校教育庁が作成するカリキュラムおよびガイドラインに基づいて保育および幼児教育が行われている。

当時の政府はこの改革について、子どもの発達と教育に社会全体が責任をもつという考え方を反映させたと説明した。

福祉における「普遍主義」を理念とするスウェーデンでは、福祉の給付やサービスは、すべての市民を対象として提供されている。戦後の経済成長の中で「個人の自立支援としての福祉」という理念が打ち出され、労働運動と社会民主党が、これを普遍主義的福祉政策を支える価値理念として定着させてきた。この理念が、保育・幼児教育政策にも貫かれている。

「待機児童ゼロ」は、普遍主義的福祉への国民的合意によって支えられているのだ。

［太田美幸］

3 余暇活動の専門家

遊びと学習の場

スウェーデンの学校では8月後半に新学期が始まる。6月半ばからの宿題のない長い夏休みの終わりだ。スウェーデンでは大人も長い夏季休暇をとるが、それでも学校の休みよりは短い。そこで活躍するのがフリーティッズヘム（fritidshem）、一般的にはフリーティスと呼ばれる学童保育だ。

フリーティスは公教育の一部として、就学前学級（小学1年生になる前に通う1年間の課程で、2018年に義務化された）から基礎学校6年生の、つまり6歳から12歳ごろまでの子どもたちに保障されている。多くの場合、学校に併設されていて、長期休暇中のほか、学校がある日の始業前と放課後に数時間の保育を提供する。共働き家庭が多いスウェーデンでは、子どもの居場所として重要な

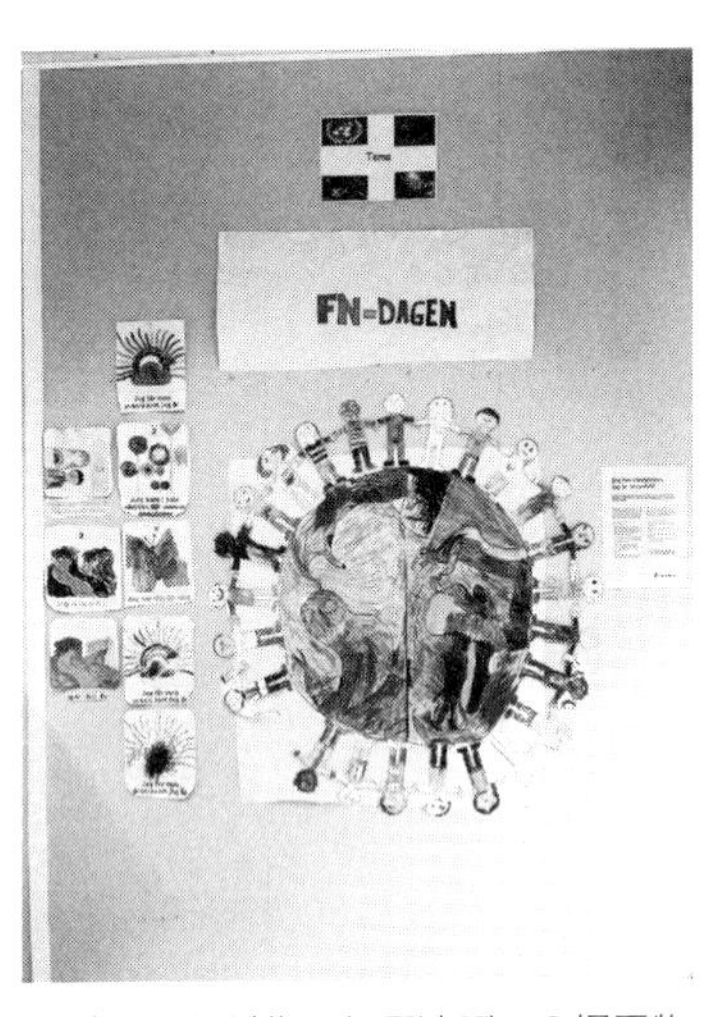

子どもたちが作った国連デーの掲示物
（撮影：本所恵）

存在だ。実際に、3年生以下の子どもの80％以上がフリーティスに通っている。保護者の就業、学業、そのほか家庭の用事などで保育が必要であれば利用でき、家庭の収入に応じた利用料を支払う。

学童保育での「授業」

こうした学童保育は、かつては社会福祉事業に位置づけられていたが、近年は教育機能が強化されつつある。２０１０年改定の学校教育法では、フリーティスが子どもたちの成長や学習を促進することが強調され、２０１６年にはナショナル・カリキュラムにフリーティスでの「授業」の目的と主な内容が明記された。社会性や思考力などを育むために、活動内容として「言語とコミュニケーション」「創作と芸術的表現」「自然と社会」「遊び、身体活動と野外活動」の4領域について内容が定められている。

フリーティスの「授業」は学校における授業よりも広い意味をもっており、子どもたちの興味や関心に沿ったさまざまな活動、遊び、集団活動や身体運動などを意味する。実際のフリーティスの様子を見てみると、「授業」というよりも自由遊びのような印象を受けることだろう。

筆者の子どもは、毎日午後1時半に学校が終わった後の3時間ほどをフリーティスで過ごした。自分の好きなパズルやゲームをしていたようだが、学年の違う子どもたちと交わり、おやつを食べ、季節のイベントや記念日のお祝いをするのは楽しそうだった。

余暇活動の専門家養成

フリーティスの活動を主に担ってきたのは、1960年代に養成が始まったフリーティッズペダゴーグ（fritidspedagog）と呼ばれる専門職だ。子どもたちにさまざまな余暇活動を提供し、見守り、子どもの話し相手になる。始業前と放課後のフリーティスだけでなく、学校の休み時間に校庭で遊ぶ子どもたちを見守ったり一緒に遊んだりすることもある。休み時間の安全管理を行う専門職がいることで、教師は授業に専念できるというわけだ。

フリーティッズペダゴーグは現在では、「フリーティスの教師」という名称で、小学校段階の教員養成課程の一専攻として大学3年間の課程で養成されている。教育学の基礎に加えて、野外教育、言語、芸術、自然などの学習や活動について学ぶ。通常の小学校段階の教員養成課程よりも1年短いが、余暇活動にも子どもの成長に資する専門的で質の高い活動が期待されているといえる。

フリーティスの教育機能の強化に伴って、その活動の質に対する要求も高まっている。学校監査庁（Skolinspektionen）は2018年、訪問調査したフリーティスの8割以上で校長の監督に改善が必要だと注意した。そして多くのフリーティスに対して、活動の中でもっとコミュニケーション能力や数学的思考の育成に取り組むこと、デジタルツールを取り入れること、社会との接点をもつこと、長期的な活動に取り組むことなどを促した。

フリーティスの質向上は、規制や監査の方向からのみではなく、より肯定的な評価を通しても促されている。２０１０年以降、教員組合は、毎年10月にフリーティス教師の最優秀賞を選び、表彰している。努力、協力、改善の３分野から教育活動を評価し、活動の質への関心を高めると同時に、グッドプラクティスを広める機会になっている。

こうした方向づけの中で、これからのフリーティスでの活動がどう変化していくのか楽しみだ。

〔本所　恵〕

4 インクルーシブな集団をつくる「ソスペッド」

進む「分断」とゲットー化

スウェーデンでは、移民が多く住む地域を中心に「分断」が進んでいる。分断を予防する活動を行うのが、ソスペッド（socialpedagog : Soc-ped = 社会教育者）という専門家だ。ソスペッドは、移住したばかりの子どもの友人づくりをサポートしたり、多様な背景のある子どもたちを包摂する活動を行ったりしている。

平等を重視する福祉国家をつくってきたスウェーデンにおいても、政治の右傾化が進んでいる。特に移民・難民に対する見方が厳しくなっており、反移民を表明するスウェーデン民主党（Sverigedemokraterna : ＳＤ）への支持が高まっている。ＯＥＣＤの調査では、移民の子どもが特定の学校に集中する傾向が他国に比べて高いことが示されており、学校の中では、いわゆる「スウェーデン人」と「それ以外」に子どもたちが自らが区分する傾向がみられる。こうした状況において、すべての子どもが参加しやすい学校づくりを行う専門職のひとつがソスペッドである。

インタビューに応じてくれたソスペッド
（撮影：松田弥花）

ソスペッドの活動

移民の集住地区として知られるマルメ市・ローセンゴード地区の学校では、ソスペッドが、荒れているクラスの学級担任の相談に応じたり、教室を観察してクラスの問題を分析したりしている。また、担任教師や心理師とともに問題や解決策について議論する活動を展開している。そして、クラスを少人数に分けたワークショップで、ロールプレイをしたり、一緒に料理を作ったりもする。

ソスペッドは、授業や休憩時間、昼食時、放課後などに校内を歩き回り、アウトリーチ活動を行う。自らが出向き生徒と関係を作っていくことで、気になる生徒や困難を抱える生徒を早い段階で見つけ出したり、生徒間で生じている問題に早く気が付けたりする。

週に1度、さまざまなテーマについて対話をする学年混合の授業も担当している。過酷な体験を重ねている生徒が多く、精神的に不安定になりやすいため、自分自身や他者と向き合う時間を設けるのである。テーマは、「スウェーデンに来てどう感じているか」「母国を離れる時はどのような気持ちだったか」など、感情に関することが多い。ただし、話すことを無理強いはしない。

放課後に活動するグループをつくり、生徒間の関係を深める活動もしている。スウェーデンに来たばかりの子や、転校してきたばかりの子を、他の子が積極的に誘い、一緒に遊ぶ。校内を周って「何がどこにあるか」や「どのように使うか」を教えてあげることを通じて仲が深まっていく。

生徒間の喧嘩が起きたらソスペッドが駆け付け、仲裁するという緊急対応も行う。同じことが起きないよう、その後も継続的に生徒たちと話し合いの場を設ける。

多様性と共生を学ぶ

このような実践を行う背景を、あるソスペッドは以下のように語ってくれた。

「ひとつのクラスにはたくさんの人がいる。互いに影響を与え合う。これはとても重要なことだと思っている。それについて議論して考えることが大事だ。それが自分にどういう影響があり、他の人にはどういう影響があるのか。将来的に大事なことは何か。良い社会の良い市民として大事なことに気づいてもらう。そのような民主主義的な考え方が基盤にある。」

ソスペッドによるさまざまな活動を通じ、子どもたちは市民として生きていくために多様性と共生を学んでいく。

特別支援教員やスクールカウンセラーなどが、特に支援を必要とする生徒を特定して「選別的」に対応するのに対し、ソスペッドはより「普遍的」「包括的」に幅広いセーフティネットを張る。こういった役割分担と密な連携によって、生徒たちは安心して学校に通うことができるのだろう。

［松田弥花］

5 社会的包摂を促す音楽教育

南米の音楽プログラムの輸入

今や優れた教育が輸出されたり、輸入されたりする時代である。スウェーデンも福祉制度やその実践を「スウェーデン・モデル」として輸出してきた。一方で、スウェーデンが輸入している事例もある。10年ほど前から、南米ベネズエラの音楽教育プログラム「エル・システマ（El Sistema）」を導入しているのだ。

音楽には、社会に変革をもたらすパワーがある。この音楽の力を体現したのが「エル・システマ」である。同プログラムはベネズエラの経済学者アントニオ・アブレウによって提唱され、当時の大統領が大々的な支援をしたことで、国の一大事業となった。

G・ドゥダメル（中央）とエル・システマ・ヨーテボリの子どもたち
（写真提供：エル・システマ・スウェーデン）

アブレウは「音楽による社会変革」を掲げ、貧困地域に住む子どもに無償で楽器を貸し出し、オーケストラに参加させた。オーケストラに参加することで、子どもたちは、犯罪に関わる時間を楽器の練習時間に当て、他者とのつながりの中で自分が活躍できる居場所を見出すことができる。この事業は、結果として、ベネズエラの子どもの犯罪率低下に一定の成果をあげたといわれている。

「エル・システマ」は、ベネズエラの指揮者グスターボ・ドゥダメルによってスウェーデンにもたらされた。ドゥダメルは、「エル・システマ」で育ち、若くから権威ある指揮者コンクールで優勝するなど、クラシック音楽界に彗星の如く現れた天才である。彼がヨーテボリ交響楽団の主席指揮者を務めたことを契機に、2010年に「エル・システマ」がスウェーデンで始まった。

難民孤児を中心に結成されたドリームオーケストラ
（写真提供：エル・システマ・スウェーデン）

伝統ある課外文化学校での音楽教育

スウェーデンでの「エル・システマ」は、「エル・システマ・スウェーデン」と呼ばれる。主たる活動の場となったのは、社会教育としての音楽教育を伝統的に牽引してきた「課外音楽学校（musikskolan）」あるいは「課外文化学校（kulturskolan）」だ。

課外音楽学校は１９４０年代に発足した。当時、労働者階級の人々は、上流階級の子どもが学ぶような高い教養である音楽文化を自分の子どもたちに教えることで、階級社会を乗り越えようとした。課外音楽学校の始まりには、そうした文化闘争の一面があったのである。

１９９８年には、音楽以外の芸術コースも提供されるようになり、現在では、課外文化学校という名称が普及している。課外文化学校は、これまで多くの子どもたちに無償あるいは安価なレッスン料で音楽教育を授けてきた。

「いかなる背景をもつ子どもにも等しく音楽を学ぶ機会を与える」という理想を掲げる課外文化学校は、「エル・システマ」の理念と共通点がある。さらに、「エル・システマ」が基本としていた「社会性の育成に基づく一斉指導」というスタイルは、現代の課外文化学校のトレンドに合致していた。従来、課外文化学校では、旧来の文化闘争の名残で、個々の能力に合わせた個別指導が中心であった。これは、才能ある子どもを見出したり、育成したりするには、個別指導が適していると考えられていたからだ。しかし、現代社会の要請に応えて、子どもたちのコミュニティづくりや指導者ネットワーク形成、指導効率の向上などを考慮し、一斉指導へ方針転換したところだったのである。

現代の移民問題と呼応

「エル・システマ・スウェーデン」の実践は、移民問題と密接に関係している。エル・システマは、ベネズエラでは貧困・犯罪の抑止力を持つものとして広がったが、スウェーデンでは、多文化社会における社会的包摂を促すものとして広がった。

スウェーデンは、歴史的に多くの移民を受け入れてきた。移民のための修学システムや語学教育など、制度も充実している。一方で、近年では、移民の多い地域の治安悪化が問題となっている。2015年のシリア危機以降は多くの難民を受け入れ、社会不安が高まった時期もあった。

「エル・システマ・スウェーデン」は、27の自治体で展開しているが、最も移民が多い都市とされているマルメ市では、早くからこのプロジェクトが採用されている。プロジェクトのホームページには、さまざまな人種の子どもたちが楽器を持って一緒にレッスンを受けたり、歌を楽しんだり、音楽に合わせて体を動かしたりしている姿が紹介されている。また、スウェーデンの環境や文化になじめない移民の子どもたちが、音楽によって自らをひらいていくような支援を行っている。たとえば、スウェーデン屈指のオーケストラであるマルメ交響楽団との交流事業だ。一流の音楽家とともに演奏する体験は、理想や憧れを生み、自己表現をすることの喜びに気づくきっかけになるはずである。

練習風景
(写真提供：エル・システマ・スウェーデン)

「エル・システマ」は世界65か国以上に広まっているといわれるが、国家をあげた取り組みとして莫大な投資が得られる国は多くはない。だからこそ、このプログラムがもつ理念をそれぞれの国に合わせて実践することが重要となる。スウェーデンは、貧困や犯罪の問題に対する「エル・システマ」のアプローチを、移民問題に取り組むアプローチと捉え直し、課外文化学校という伝統的な音楽教育の中に落とし込んでいった。そこに、実践の面白さと持続可能性を見出すことができる。

〔松本進乃助〕

6 スウェーデンのレッジョ・インスピレーション

「コピー」ではなく「インスピレーション」

イタリアのレッジョ・エミリア市（以下、レッジョ）では、子どもを豊かな学び手である市民として捉え、子どもと大人が共同で文化を創造する場として幼児学校・乳幼児センターが位置づけられている。レッジョの教育は、その芸術性、創造性、民主性といった側面から世界的に注目を集めており、多くの人々が訪れて、その教育を学んでいる。中でもスウェーデンの教育者と研究者は、最も早い時期にレッジョと交流を開始した。

２０１９年に筆者は、レッジョに触発された取り組みをヨーテボリで10年以上継続している公立プリスクール（幼保一体型の施設）を訪問した。そこでは、子どもたちと教師たちが、探究のために構成された環境で、持続可能な開発のための教育（ＥＳＤ）をテーマとするさまざまなプロジェクトに取り組んでいた。

ある部屋では「ことば」のプロジェクトの一環として、鳥の絵本の一場面を見ながら、３人の子どもたちがその鳥の絵を描いていた。この絵本は『ぼくはいつの日かうたうのをやめる日がくる』というタイトルで、表現に力があり、子どもたちとセリフを考えたりするのにいいのだという。他の部屋では、ＩＣＴ機器でミツバチを拡大して観察したり、葉っぱの絵を描いたり、虎の映像をスライドで映し出したりしていた。

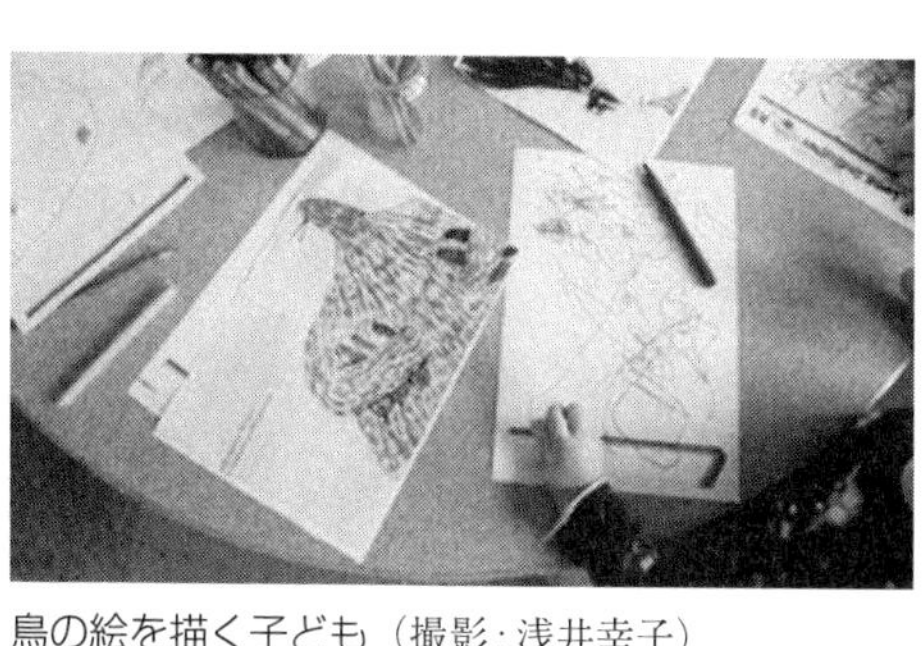
鳥の絵を描く子ども（撮影：浅井幸子）

スウェーデンとレッジョの結びつきは、１９７０年代末に始まった。レッジョの幼児教育の初めての展覧会「目は壁を越えて（後に「子どもたちの１００の言葉」）」が１９８０年にイタリアで開催されると、スウェーデンでは早くも翌年に巡回展が行われ、約９万人が見に行ったという。

最初の紹介は偶発的だったが、レッジョの幼児教育は大きな関心を呼び起こした。その背景には、経済的に比較的豊かで乳幼児教育が充実しているという状況が共通していたこと、スウェーデンにおける「対話」の教育の伝統と、レッジョの「関係性」の教育が共振したことがある。

スウェーデンにおいて、レッジョからの学びは「レッジョ・インスピレーション」という言葉で表現される。この表現には、教育の思想や方法を、文脈を超えてそのまま適用することはできないという意味が込められている。レッジョとの共同研究を主導してきたグニラ・ダールベリ（当時ストックホルム教育大学教授）らは、レッジョの単純な「コピー」が広がる状況に危機感を抱き、1993年から「ストックホルム・プロジェクト」を開始した。

行政も関与するネットワーク

ストックホルム・プロジェクトでは、スウェーデンのレッジョ・エミリア研究所を拠点としてレッジョ・エミリア市、大学、自治体とプリスクールを結ぶネットワークが構築され、レッジョのコピーを普及させるのではなく、実践を変化させ続けることを目指した。

たとえば、ストックホルム市南東部のネットワークでは、ひとつのプリスクールがモデル校となったが、これは優れた実践を行う学校ではなく、変化を記録し、他の学校をインスパイアするという意味でのモデル校だった。教師たちは、子どもの作品、写真、ビデオ、メモなどの多様な媒体を用いた記録である「教育ドキュメンテーション」を、自らの子ども観・保育観の変革のツールとして用いて教育を変えていった。

教育の変化を支援する行政を巻き込んだ点も、このプロジェクトの重要な特徴だ。プロジェクトは社会大臣、教育大臣をも巻き込んで推進され、その成果は1998年に公布された最初のナショナル・カリキュラムにも盛り込まれた。

自治体が具体的な場を設け、教師と研究者の自律的なネットワークを支援するというアイデアも特徴的だ。最近スタートしたヨーテボリ近郊のレールム市のネットワークは、自治体が創設した「第三の空間（Tredje Rummet）」と名付けられたアトリエを中心として展開されている。「第三の空間」という名前は、文学者ホミ・バーバの言葉で、異なる文化が混ざり合い新しいものが生まれる場所を表現している。曜日によって、子どもたちを対象としたワークショップが行われたり、教師の学びのための集まりが開催されたりしている。

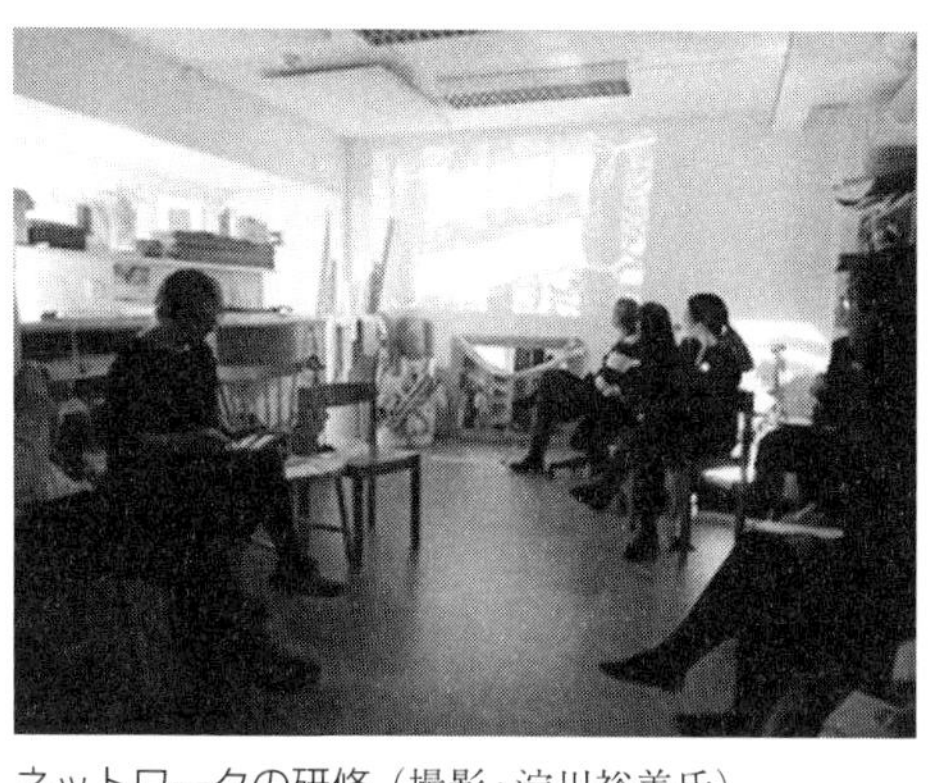
ネットワークの研修（撮影：淀川裕美氏）

たとえば、筆者たちが訪問した年は「布」が探究のテーマになっていて、近隣のプリスクールから先生と一緒に訪れた子どもたちが、布でさまざまな表現を行い、アトリエリスタ（芸術教師）とペダゴジスタ（教育コーディネーター）がそれを支え記録していた。その活動を通して、教師と子どもは布という素材を探究し、教師は支援や記録について学ぶ。教師による交流の場では、各自のドキュメンテーションを持ち寄って議論が行われる。そこでは、お互いに助言したり批判したりするのではなく、見いだした意味を語り合う。

レッジョ・エミリア市は自治体であり、公教育として乳幼児教育を行っている。しかし、世界に広がるレッジョ・

アプローチをとる幼児教育は、質の高い保育という「商品」として私物化されがちだ。ストックホルム・プロジェクトやレールム市の「第三の空間」の事例は、レッジョという自治体の取り組みに自治体がインスパイアされることによって、レッジョの民主性と公共性を体現することに成功している。

日本でもレッジョ・エミリアの実践への注目が集まってきているが、コピーではなく、創造的に運動に参加する「インスピレーション」というアプローチの含意を考え、誰が、何のために、どのようにインスパイアされるのかを問うていく必要があるのではないだろうか。

［浅井幸子］

7 スウェーデンの高校進学

高校選択のうわさと真実

2018年度の高校選択ガイドとして作られた学校教育庁のウェブサイトや動画が目を引いた。ウェブサイトの冒頭に、「ちまたでよくいわれているが、真実ではない」と大きく書かれて紹介されている「高校選択の九つの神話」に、高校選択の理想と現実が映し出されていたからである。

スウェーデンでは義務教育を終えた後、ほぼすべての生徒が高校に進学する。日本と異なって入学試験はなく、生徒による選択の自由が重視されている。卒業半年前に生徒たちが、希望する学校や学科を選択して地区のセンターに届け出る。各学校の定員や、生徒の中学校段階での成績を鑑みて、センターが入学先を提示し、生徒がその提示を受け入れればそこで決定、異議があれば選び直し、最終的に卒業の時期には入学先を決定する。

入試がない制度に魅力を感じる人も多いだろう。だが、選択もまた難しい。選択をサポートするために情報提供やガイダンスに力が入れられており、「九つの神話」も、そのガイドの一部に含まれるものである。以下では、真実ではない「神話」を紹介しよう。

① 高校選択が将来を決める

高校の学科には、卒業後に大学進学を目指す学科として、自然科学、社会科学、人文、経済、芸術、技術の6学科があり、各職業分野の基礎を学ぶ学科として、建設・設備、輸送機器・運輸、手工芸、自然資源活用、ホテル・観光、福祉・介護など12学科がある。学科の種類を見ると、将来の職業につながっていることがよく分かる。学科選択の際は将来の職業を考える必要がある。一方で、その選択が人生を確定してしまうわけではない。生涯学習の機会が保障されているスウェーデンでは、後に専門分野を変更したり転職したりする可能性も十分にある。

② 自分に合う学校を見つけることが大切

これも「神話」だという。多くの生徒は、「自分に合う」「ランクが高い」「友達が行く」などと考えて学校を選ぶ。しかしそうではなく、学習する内容について「自分が関心ある分野」を選ぼうという呼びかけである。実際に高校選択は、学校の選択よりもまず学科の選択という色合いが強い。生徒は全国どこに住んでいても前述の18学科から選択できる。

③ 進学系学科の方が、将来に広い可能性がある

特定の職業分野を念頭におく職業系学科より、高校卒業後の大学進学時に再度専門分野を選択する進学系学科の方が将来の可能性が広いというのは、一見すると納得できることかもしれない。しかしここでは、そうではないといわれている。職業系学科で学んでも、その後に学び直したり、外国で働いたり、さまざまな道がある。あくまでも、どの学科も平等であることが強調されているのだ。

スウェーデンでは１９６０年代より、すべての若者のための平等な高校を目指して改革を進め、全学科が同じ価値を持つことを重視して、入学や卒業の要件やカリキュラムを共通化してきた。だが２０１１年の改革では、各学科の専門性を強調し、①のように進学系と職業系という二種類に区分した。この進学系学科と職業系学科との差異化が、多くの「神話」を生み出した。後半６つの「神話」はすべて、職業系学科に関するものだ。「神話」を見ると、入学や卒業の要件に差異をつけながらも、学科間の平等は守りたいことがあらわれている。

④ 基礎学校での成績を、職業教育で無駄にするな

スウェーデンに高校入試はないが、高校入学には一定以上の基礎学校の成績が必要である。スウェーデン語、英語、数学での合格、そしてこの３教科を含めて、基礎学校で学ぶ約20の教科の内、進学系学科に入るには計12教科、職業系学科は計８教科での合格が求められる。入学に必要な教科数の違いを見れば、合格教科数が多いなら進学系学科に行こうと考えるかもしれない。それに注意を促しているのである。

⑤ 職業系学科に行くと、大学進学要件を満たせない

大学進学について高校入学時には明確に決めておらず、進学の可能性は残しておきたいと思う生徒は多い。スウェーデンでは大学入試もなく、高校の成績で入学が決まる。1990年代以降、どの学科の卒業生も必修科目を修得していれば大学進学が可能だったが、2011年の改革によって、職業系学科では必修科目だけでは大学進学要件を満たさなくなった。そのためこの「神話」が生まれたのである。

しかし希望者は、選択科目として指定の3科目を履修すれば大学進学は可能である。そして、高校卒業後に成人教育機関で学習することもできる。

⑥高卒では仕事が見つかりにくい

将来の職業は、生徒にとっても大きな関心ごとである。スウェーデンでは古くから産業別労働力需要の推計が行われ、高校の学科選択の参考資料として提示されてきた。ここでも、今後5～10年間就職しやすい10の職業が示され、高卒での就職可能性を現実的に示している。

⑦外国で働きたかったら、職業系学科に入ってはいけない

EU圏内での留学や就職は、高校生にとっても身近になっている。国際的に認証されている職業資格取得を目指す職業系高校もある。

⑧職業系学科は、勉強したくない生徒が行くところだ

上述した入学要件の違いや、教育課程に英語や数学などが少ないことから、こうした考えを持つ人は少なくない。しかし、職業系学科にも専門分野の理論的な学習が多くあり、座学も必要になる。

⑨　見習い訓練コースは、他でついていけない人のためのコースだ

２０１１年の改革で、職業系学科において高校３年間の半分以上を職場実習にあてる「見習い訓練」コースが設置された。学校での座学が少ないため、学校に行けない生徒のためのコースという印象がある。しかし、学校で学ぶコースと同じ科目履修があり、大学進学のための学習もできる。

「神話」への説明からは、すべての学科が平等という理想を持ちながらも、一般的にはそう受け止められてはいない現実が垣間見える。すべての項目でデータや事実を伴って具体的な説明が試みられており、噂を乗り越えて、平等を目指す挑戦ともいえる。その挑戦の成果は、生徒たちの高校選択に表れる。

［本所　恵］

8

先住民族サーメの教育

サーメのための学校と教育

ディズニー映画『アナと雪の女王』には、トナカイと暮らすサーメ人とみられるクリストフ・ビョルグマンが登場する。魅惑の地、北欧の北部には約7万人のサーメが暮らしていて、サーメの子どものための学校もある。マイノリティの子どもたちに配慮した教育制度を見てみよう。

ノルウェーでは、1990年代に基礎学校（日本の小・中学校に相当）で、サーメの子どもがサーメ語を学ぶ権利が保障された。2006年には、通常のナショナル・カリキュラムに加えて、サーメ語を教授言語とするサーメ・ナショナル・カリキュラムが策定され、サーメが多く通う学校などで導入できるようになった。いまでは、幼稚園から大学まで一貫してサーメ教育が受けられる制度が整備されている。

サーメ学校の多様性

ただし、一口にサーメ学校といっても、内実は地域ごとに多様である。

トナカイの角の加工を学ぶ生徒たち
（撮影：長谷川紀子）

北サーメ地域カウトケイノ市の基礎学校は、生徒の90％以上がサーメのため、全教科の授業が北サーメ語で行われている。ノルウェー語は第2言語だ。ただしこの学校では、北サーメ語以外に特別にサーメ文化を教える授業はない。地域や家庭で十分にサーメ文化が伝承されているからだ。

一方、南サーメ地域はサーメの人口が少なく、ノルウェー人が大多数だ。そのため、学校がさまざまな教育方法を駆使して、南サーメ語や文化を継承する役割を果たしてきた。

ハットフェルダル市にあるサーメ学校は寄宿制で、通年で在籍する生徒は一人もいない。しかし、遠隔教育と短期セミナーを通して、南サーメ語とサーメ文化を子どもたちに継承するために奮闘している。教師たちはスカイプを使って、週に3回、約30人の生徒に対してマンツーマンで南サーメ語の会話練習をしている。年に6回

凍った湖の上で穴釣りを学ぶ（撮影：長谷川紀子）

行われる短期セミナーでは、生徒たちがサーメ学校に宿泊し、サーメ語やサーメ文化を集中して学ぶ。野外キャンプを通して、厳しい自然の中でサーメがトナカイとともに生きてきた知恵を伝え、伝統工芸品の制作や即興歌などのサーメ文化を体験する。普段マイノリティとして生活をしているサーメの生徒たちは、サーメの友達や教師、スタッフに囲まれて過ごし、とてもうれしそうであった。

同化政策から復権へ

サーメは、何世紀にもわたって差別や偏見を経験してきた。国による圧政、キリスト教への強制的な改宗、国家の同化・分離政策などにより、多くのサーメが自分たちの言語や文化を失った。

しかし戦後、サーメ民族問題は徐々に改善されていった。特にノルウェーは多くのサーメを抱えていたこともあり、他の北欧諸国に先駆けて１９９３年、欧州評議会による「地域言語・少数言語の欧州憲章」を批准した。同時期に、サーメの子どもたちが学校でサーメ語を学習する権利が保障された。また、北欧では唯一、先住民族の権利・生活・労働条件を包括した国際法文書ＩＬＯ第１６９号条約も批准している。

また、サーメ自身の組織化も進んできた。各国にはサーメの議員で構成されるサーメ議会があり、民族問題に関する諮問機関的役割を果たしている。北欧3国のサーメの評議員からなる、北欧サーメ評議会も設立された。

若者たちのサーメ・アイデンティティ

現在、若い世代を中心に、サーメのアイデンティティを表現した文化が発信されている。

伝統的即興歌であるヨイクは、長い間、野蛮で原始的なものとして忌み嫌われてきたが、今や新しいジャンルの音楽として注目されている。サーメの女性歌手ソフィア・ヤノックは、ポップミュージックとヨイクを掛け合わせた新しい世界観を生み出し、美しい旋律にのせてサーメを巡る社会問題を提起している。また、衣装に伝統的なサーメのデザインを取り入れ、クールな自己表現として、多くのサーメ女性に受け入れられている。

サーメの若者は自分たちのアイデンティティを抵抗なく表現できるようになりつつあり、サーメであることを誇りに思う第1世代だといわれている。背景には、公教育でサーメの言語と文化が保障され、公立学校でサーメ教育を受けることができるといった制度的基盤が大いに貢献している。

しかし、サーメ文化を堂々と発信できる若者はまだ一握りだ。サーメの教育を受けることを諦めたり、サーメとして自身を表現することをためらったり、サーメとしてのアイデンティティを全く意識せずに、マジョリティーの社会に融合して生活を送る者も数多くいる。

南サーメの学校では、トナカイ放牧業がカリキュラムで強調されるため、トナカイ文化に親しみの薄いサーメの人々が通いにくいという課題も指摘されている。マイノリティであるサーメ社会の中にさらに多様な文化が存在し、文化継承の課題が複雑で重層的であることを示している。

先住民族に対する教育保障を掲げるノルウェーは、サーメ学校や伝統文化の継承の問題にどのように向き合っていくのか。これはサーメに限らず、すべてのマイノリティに対する教育に示唆を与える課題である。

［長谷川紀子］

9 ジェンダー平等と手工芸教育

ものづくり文化が根付くスウェーデン

スウェーデンには、いわゆる「ＤＩＹ（Do It Yourself）」を得意とする人が多い。多くの人が、住まいのリフォームや家具の修理を自分でやってしまう。編み物や刺繍を趣味とする人は特に女性に多く、なかには織物や染色までこなす人もいる。

こうした手仕事は、世界中の多くの地域において、ずっと昔から家庭内に存在していたものだ。産業化が進み、多くのモノが工場で大量生産されるようになる以前は、人々は日常生活に必要な道具を自らの手で作っていた。スウェーデンではそれらは「ヘムスロイド」と呼ばれる。ヘム（hem）は家庭、スロイド（slöjd）は手仕事によるものづくりを意味する。ヘムスロイドは現在もなお、家庭における家事の一部として、あるいは生活に潤いをもたらす趣味として、多くの人々に親しまれている。

学校の教科としてのスロイド

子どもたちの多くは、親がこうした作業をおこなうのを家庭で日常的に目にしながら育つ。そのため、「自分でつくる」ことが当たり前のものとして認識されていくのかもしれない。加えて、基礎学校にも、木工・金属加工とテキスタイル製作を教える「スロイド」という科目があり、3年生以上の学年で週1~2時間の授業がおこなわれている。

ナショナル・カリキュラムによれば、学校におけるスロイド教育の目的は、自らモノをデザインし、それを自分自身の手で作りあげることを通じて、創造性や表現力、自立性や問題解決能力などを育むことにあるという。子どもたちはスロイド科の授業のなかで、さまざまな道具の使い方や素材の特性、機能的なデザインについて学び、「ものづくり」の基礎を身に付けていく（なかには、家庭で親の作業を手伝いながら高度な技術を身に付けてしまう子どももいるようだが）。

スロイドが拓いた女性の社会参画

最近では、子どもたちは男女を問わず、器用に裁縫をこなしたり金属加工に挑戦したりしているが、長い間、木工や金属加工は主に男性が、裁縫をはじめとするテキスタイル製作は女性がおこなう仕事とされてきた。手工芸は、性別役割分業をきわめて明確に体現してきた領域なのである。そして興味深いことに、スウェーデンにおけるスロイド教育、とくにテキスタイル・スロイドの歴史は、女性の社会参画の軌跡を示すものでもある。

19世紀後半に始まった女性参政権運動は、スウェーデンにおいてはヘムスロイドと密接な関係をもっていた。当時は、大量生産された工業製品が徐々に流通するようになり、家庭におけるヘムスロイドが急速に衰退していった時期である。家庭の外で働く女性も増えていったが、女性たちが就ける職業は掃除や洗濯、食品製造などの家政に関する仕事、または紡績や縫製といったテキスタイル関係の工場労働などに限られていた。女性向けの職業教育もほとんど存在しなかった。

そこで、女性の経済的自立を目指した人々は、衰退しつつあった伝統的なテキスタイル・スロイドを女性の専門的職業として刷新することを企図したのである。女性のための手工芸学校が設立され、織物や刺繍の高度な技術を教えるとともに、芸術性の高い製品を製造し、販売ネットワークを拡大して女性の雇用の場をつくりだした。

その主導者であったソフィ・アドレシュパッレこそ、のちにスウェーデン最初の女性運動団体「フレドリカ・ブレーメル協会」を立ち上げた人物である。彼女の最大の関心は、職業教育を通じて女性の経済的自立を支援すること、それによって女性の社会参画を推し進めることだった。長年にわたって女性たちが家庭内で従事してきたテキスタイル製作の仕事は、その最初の足がかりとなったのである。彼女らの奮闘によって１９１９年に女性参政権が認められ、１９２１年には女性が参加する初めての選挙が実施された。２０２１年はちょうど１００周年にあたる。

手仕事によるものづくりの潜在力

アドレシュパッシレらが設立した手工芸学校は、現在もなおスウェーデンにおけるテキスタイル・アートの中心的存在で、世界中で人気を博しているスウェーデン・デザインの発信地のひとつでもあ

タピストリーを仕上げる女性たち（Anton Ambrosius Blomberg 撮影、Handarbetets vänner, Årsberättelse 1902, Nordiska museet 所蔵）

アドレシュパッシレが設立した「ハンドアルベーテッツ・ヴェンネル」の本部。手工芸学校、アトリエ、ギャラリー、ショップを兼ねている。（撮影：太田美幸）

る。子どもたちが基礎学校で学ぶスロイドは、高等教育機関や専門職業教育機関でも専門教育として教えられ、そこからデザイン産業を支える人材が多数輩出されている。その意味で、子どもたちがスロイドの授業を通じて育む創造性や表現力、自立性や問題解決能力は、この国の経済の一端を支えるものだといえる。

スロイドは、他方では、ジェンダー平等に向けたこの国の歩みを象徴的に示すものでもある。自らモノをデザインし、それを自分自身の手で作りあげること。そこには、社会を変えていくための計り知れない潜在力があるように思えてならない。

［太田美幸］

10 体育の授業増で学力向上？

3年くくりの授業時数

花火は日本では夏の風物詩だが、スウェーデンでは新年を祝う打ち上げ花火がイメージされる。暗く長い冬の夜空が、華やかに彩られる瞬間だ。それでもまだしばらく冬は続くが、一月に学校では「春」学期が始まる。毎年のように、学校の教育課程は見直され、改訂される。2019年には、基礎学校で数学と体育・保健の授業時数が増加し、代わりに個人選択の時間が減った。

基礎学校では教科ごとに、3年単位で最低時間数が示されている。たとえば国語（スウェーデン語）は、1～3年生で680時間、4～6年生で520時間、7～9年生で290時間だ。このくくりは2018年秋に導入されたもので、以前は基礎学校9年間分の合計時間数のみが定められていた。

さらにその前には、日本と同じく、各教科、学年ごとの標準時間数が定められていたが、1980年代以降の規制緩和で9年間の合計時間数のみの規定になった。規制緩和の際に、教育目標と評価を全国共通にした上で、教育実践の方法や内容に関しては現場の裁量を増やすことが目指されたのである。現在では、学校設置者が学校監査庁に申請すれば、授業時数の規制も免除される。

近年は、教育の質と平等を保つために、一時よりも教育に関する規制が強まっている。数学と体育・保健の授業時数増加もそのひとつだ。数学は7~9年生で合計100時間増える。増加の理由は、卒業時に合格レベルに到達しない生徒が多いので、時間をかけて、合格する生徒を増やすためだ。

学校の体育館(撮影:林寛平)

体育の時数増加

体育・保健は、4~6年生で20時間、6~9年生で80時間の、合計100時間増加する。この理由には、スウェーデンの体育の授業時数が諸外国に比べて少ないということの他に、よく身体を動かす子どもは学業成績が高いことが挙げられた。

この主張には実験の裏付けがある。マルメ市で2000

年ごろに行われた実験（実験地の名前からブンケフロ・プロジェクトと呼ばれる）では、毎日体育の授業を受けた子どもたちと、週2回体育の授業を受けた子どもたちとの学業成績が比較され、特に男子に関して、前者が有意に高かったことが報告された。ちなみにプロジェクトの目的は、日々の身体活動が骨の強さや運動能力、健康的な生活習慣、また生徒の集中力などに影響するか検証することだった。

授業時数増加の議論は、ブンケフロ・プロジェクトの成果が発表された2012年ごろから活性化した。2014年には、スウェーデン・オリンピック委員会（SOK）などスポーツ関係者からの署名も議会に提出された。

政治的な議論

しかし時数増加の決定は、一筋縄にはいかなかった。議会各政党は身体を動かす重要性には総じて同意していたが、その方法については意見が異なっていたのだ。

保守党は当初から体育の時数増加を主張してきた。一方、社会民主党は、身体を動かすことの重要性には同意するものの、それは体育の授業時数増加によって実現すべきものではなく、学校生活全体を通じて行うべきだとした。また、体育の時数増加の前に、授業の質向上が必要だと主張した。

こうした議論と並行して、2017年にはブンケフロ・プロジェクトのデータを再分析した研究が発表され、骨や筋肉に対する良い影響とともに、男子の成績に与える良い影響が示された。政治的な議論も同年に終結し、結局、時数増加が決定した。

スウェーデンの教育改革では、多様な実験をしたり、データ分析を基に議論したりすることも多い。これは、平生からさまざまな統計データが集められ、分析可能な形で公開されていることで可能になっている。また、政策実施後に評価・検証も行われる。

体育の授業時数の変更が学業成績にどう影響を与えるのか、数年後の結果に注目したい。

［本所　恵］

11 入試がない国の学校成績

得意分野で勝負

スウェーデンでは6年生まで成績を受け取らない。しかし学校の成績への関心は高く、常に議論が続けられている。一体何が論点になっているのだろうか。

スウェーデンでは、高校にも大学にも日本のような入学試験がなく、生徒たちは希望する学校や学科を自由に選択する。しかし希望者が多すぎる学校や学科では、前段階の学校での成績を資料にして選抜が行われる。

たとえば高校入学の際には、義務教育最終学年の時につけられるA～Fの成績が重要になる。Aは20点、Bは17・5点、Cは15点、Dは12・5点、Eは10点、そして不合格のFは0点と換算され、成績がいい16教科の合計点を比べて、得点が高い生徒から順に入学が認められるのだ。生徒は全教科で満遍なくいい成績を取る必要はなく、自分の得意な教科に集中して高得点をねらうことができる。

入学者選抜に使うため、成績には信頼性と全国的な公平性が強く求められる。かつてはナショナル・テストを使って成績が調整されていたが、1990年代にこの方式は廃止され、代わって全国共通の評価基準に準拠して成績をつけることになった。

現在では、基礎学校（日本の小・中学校に相当）から成人教育まで共通にA～Fの6段階で成績がつけられている。どの教育段階の科目にも全国共通にA、C、Eの評価基準が示され、教師たちはその基準に照らして成績をつける。AとCの間がB、CとEの間がDとなり、たとえばCの基準をすべて満たしていて、Aは一部のみ満たしている場合にはBと判定されるが、このさじ加減は教員に任されている。

基礎学校の評価基準は、長期的な学習成果が分かるように、各教科3年間区切りで書かれている。具体的な学習内容ではなく、継続的に育成する能力について記述されているのが特徴だ。たとえば、中学校段階の物理では「生徒は結果と課題を対応させ、物理モデルや理論とうまく関連する、よく練られた結論を導くことができる」（Aの基準）といった具合だ。

成績は善・悪？

ただし、子どもたちが成績を受け取るのは6年生からだ。ずいぶん遅いと思われるかもしれないが、これも2012年からで、それ以前は8年生（日本の中学2年生に相当）以降の生徒だけが成績を受け取っていた。

成績開始の早期化は、子どもたちに目標と自分の到達点を意識させることで成績向上のモチベーションを持たせ、必要な生徒に早期から適切な支援を与えられるようにする、というのが主な理由だった。

しかし、子どもにかかるストレスへの懸念や必要性の薄さから反対意見も多く、長年の議論の末の変更でもあった。右派政党はさらなる早期化を主張し、4年生からの成績導入を望んでいる。これに左派政党や教員組合は強く反発している。成績導入を早めても学力が向上するわけではないし、小さい子どもは成績をつけると悪影響があると考えているのだ。さらに、6年の算数でF（不合格）だった子どもの半数は9年生でもFをとっており、この間に十分な学習支援を受けられていないと指摘されている。そのため、成績の低学年化よりも適切な学習支援が必要だと主張している。

議論が続く中、2017年からは希望校で成績を4年生から渡す実験が始まった。結果は数年後に明らかになる予定だ。

個別発達プラン

成績は学校と家庭とのコミュニケーションだと捉える向きもあるが、逆に成績がない学年の方が子どもの学習状況がよくわかる、という保護者の声もある。教師は、A～Fの成績がつかない5年生までの子どもに対しては、一人一人個別に作成した学習計画（Individuella Utvecklingsplaner：ＩＵｐ）に学習状況を記述する。

IUP を使って話し合う三者面談（撮影：林寛平）

ＩＵＰはこれまでの学習状況を基に、面談でこれからの学習目標を決めるツールだ。３年生と６年生の評価基準を参考に、各教科、各学年に期待される水準に到達しているかどうかをチェックする欄があり、その横に記述でのコメント欄がある。成績とは違ってオフィシャルな文書ではなく、教師によって記述の質は大きく異なるが、各教科一文字で表される成績よりも具体的で分かりやすい。

成績をいつから、どのような形でつけ、何に使うか、文化によって考え方が違うのは興味深い。スウェーデンでも成績や評価を学習支援にどう活用できるのかを考えながら、試行錯誤が続けられている。

［本所　恵］

12 何のための目標と成績か

全国共通の評価基準

スウェーデンでは義務教育から成人教育に至るまで、公教育が無料である。成人教育では、さまざまな職業教育や趣味・文化の学習のほか、基礎学校や高校で提供されている科目が成人向けに提供されており、20歳以上のスウェーデン住民は誰でも履修できる。そこで筆者もスウェーデン語講座を受講した。今回は、その履修説明会で驚いた「評価」について書いてみたい。

講座では、修了時にAからFまでの成績がつけられる。Aが最も良くてEまでが合格、Fは不合格だ。A、C、Eを取るための評価基準は、いくつかの観点について、全国共通の規定として教科・科目ごとに文章で定められている。到達度がAとCの中間当たりだとBになる。この絶対評価による成績の付け方は、成績をもらい始める6年生から成人教育に至るまで、すべての教科で共通である。

かつては正規分布に基づく相対評価で成績がつけられていたが、1990年代以降、ナショナル・カリキュラム、ナショナル・テスト、全国共通の評価基準と連動して評価方法の改革が行われ、現在では絶対評価による成績付けが定着している。

筆者はこうした一般的なシステムは理解していたが、履修説明会ではこれに加えて、AからEの中で「自分の目標」を設定するようにいわれた。Aが最良なのだから、取りあえずはAを目指すのが当然だろうと思っていた筆者は面食らった。ここでEを設定したら、やる気がないことをアピールしているように捉えられるのではないか。また、E以上の成績はつかないのだろうか。Aを設定した場合と何が変わるのだろうか。履修説明会に出席していた他の受講生からも質問が出され、しばらく質疑応答があった。

一人一人に応じた指導

教師の説明では、目標をEに設定しても、課題の出来がよければそれ以上の成績がつくという。目標によって変わるのは、教師のフィードバックだ。目標がAの受講生には、それに到達できるようなコメントを、Eの受講生には、それに応じたコメントを返すらしい。学習動機やニーズが異なる受講生に対して、それぞれに応じた指導をするには合理的なシステムといえる。無意識に、すべての受講生に同様に、丁寧なコメントを返すのが良いと思っていた自分の価値観を振り返させられた。

さらに驚いたのは、選ぶ目標についてだった。ある受講生が苦笑しながら教師にいった。「Aを目標にする人なんているの？」と。Aと書くなど、高すぎる望みだというのである。他からも、「言葉が似ている北欧の人たちしかできないのではないか？」と笑いがこぼれた。Aはなかなかとれるものではないらしい。

それに教師は同意しながらも、「適切な目標設定は受講理由によって違うから、標準的な目標や推奨する目標はない。評価基準を読み、自分のニーズや状況に応じて目標を決めるように」と伝えた。常に最高の成績に挑戦することを推奨するのではなく、あくまでも受講生に合わせて学習を進めようとする、学習に向かうストレスの少なさを感じた。

目標も評価も自分で利用

なお、それでも筆者は一応個人目標をAに設定して講座を始めたが、毎回の課題に返ってくるのは、評価基準に対応した到達度と、「理解できる文章を書けています」程度の短いコメントだった。高い目標設定でもコメントが素っ気ないことに拍子抜けしつつ、その代わりに、自分の状況を確認し、次の課題で何に気をつければいいのか考えながら、評価基準を丁寧に読むことになった。目標も評価も、自分の学習のために自分で利用するものだと強く思わされた。

［本所　恵］

第3章

日常の風景

北欧でも、子どもたちは毎日学校に行き、教室で学び、給食を食べ、放課後をそれぞれの居場所で過ごす。現地の子どもたちにとっては日常の風景だが、私たちにとってはそれも新鮮にうつる。北欧に暮らし、現場に入り込んでみて、驚いたことも多い。

ふとした疑問を深掘りしてみると、それを支える歴史や制度、文化がある。北欧に住んだ執筆者陣が、日常の風景に少し切り込んで探ってみた。

[中田麗子]

1　増える学校の特別食

平等な社会のための平等な学校給食

日本では、子どもたちの遠足には親の手作り弁当がつきものだ。家事全般が苦手な筆者としては、たいしたメニューでもないのに、遠足の一週間前から気をもんでしまう。子どもをスウェーデンのプリスクールに入れて感動したのは、遠足の日も家からお弁当を持って行かなくていいことだった。先生いわく、「みんなが同じものを食べることが大事なんです。昼食のことは私たちが全部準備しますよ」。当日は、引率の先生方の一人が手押し車に食べ物、飲み物、そして食器を載せて遠足に出掛けていった。

スウェーデンでは１９４６年に、国のお金で温かい学校給食を提供することが議会で決められた。

その理由は多角的で、「子どもたちが同じ食事を得ることで、社会の平等をより促進する」「お弁当作りを含む家事から、女性を解放する」「悪い食生活や栄養失調を防ぐ」などであったという。

その後、60年代にその責任は国から自治体にうつり、現在では基礎学校（日本の小・中学校に相当）、特別支援学校、サーメ学校（先住民族サーメ人のための学校）で、「栄養が十分にある食事」を「無料で」提供することが学校教育法で規定されている。すべての子どもに対して平等な教育を提供し、それを通して平等な社会を形成しようとしたスウェーデンの学校に対する哲学が、ここにも表れているといえる。

高校の給食は法制化されていないが、ほとんどの自治体が提供している。プリスクールについては、学校教育庁のガイドラインにおいて、バリエーションに富んだ栄養のある食事や間食を提供すべきであることが記されている。

多様な給食メニュー

ウプサラ市の場合、給食のメニューは市で共通して決められていて、オンラインで見ることができる。主食としてはスパゲティミートソース、ミートボール、魚のグラタンなどが日替わりで提供されている。同市ではそのほかに毎日ベジタリアンメニューも提供されており、それを選ぶこともできる。

給食でベジタリアンメニューが出るというのは、日本ではあまりなじみがないかもしれない。日本でもアレルギーを持った子どもに対する特別食はあるが、スウェーデンではそのような医療的な理由以外に、宗教的あるいは倫理的な理由から特別食（specialkost）を希望することができる。たとえば「イスラム教徒のため豚肉を食べない」「倫理的な理由でベジタリアン食にしている」といった理由である。同市の場合は、そういった子どもたちのために毎日ベジタリアンメニューが提供されており、選べるようになっているわけだ。市の学校給食サービスについてのウェブサイトでも、特別食の希望に対してできる限り解決策を模索したいと記されている。

典型的な学校給食の様子（撮影：林寛平）

平等と要望のせめぎあい

しかし、こうした特別食への要望が増えていくにつれ、それをどこまで許容するかがしばしば議論になっている。たとえば、イエーブレ市では、２０１７年からベジタリアン食よりもより厳格なビーガン食の提供をやめた。理由はコストがかかりすぎることと、特別食が多くなることで提供する側（調理人や教職員）の負担が大きくなりすぎ、深刻なアレルギーをもつ子どもたちへのリスクが増えるということである。

クラムフォーシュ市では、２０１６年時点で給食の25％が何らかの特別食になっており、市の担当者は「持続できる状況ではない」と苦言を呈した。食料廃棄の問題や、特別食を用意するためのコスト、そして深刻なアレルギーがある子どもたちへのリスクなどに言及している。

子どもが自分に必要な食に平等にアクセスできることが、スウェーデンの学校給食制度の背景にある考え方だとすれば、個別の要望に対応していくことも重要な要素になるだろう。先に述べたプリスクールの先生の言葉も、子どもたちが文字通り「同じもの」を食べるというよりは、家庭による差が出ないように「その子に必要なものを平等に与える」という意味合いだと解釈される。

しかし、細かい個別の要望が際限なく増えていくとなれば、いろいろな面でコストが上がり、全体としての利益が損なわれてしまうことにもなりかねない。

すべての子どもに平等な機会を提供することと、個別の要望に対応していくこと。このせめぎあいが、学校給食においても表出している。

［中田麗子］

2　最優秀学校給食を目指せ！

給食の年間コストは3倍の差

給食の地域差としてメディアによく取り上げられるのは、一食当たりのコストだ。食糧庁（Livsmedelsverket）によると、給食一食当たりのコストは自治体間でおよそ94円（7・53スウェーデン・クローナ）から182円（14・62スウェーデン・クローナ）と、ほぼ倍の開きがあった。また、学校教育庁によると、生徒1人当たりの年間コストは、自治体間でおよそ5万円（4千スウェーデン・クローナ）から14万円（1万1500スウェーデン・クローナ）まで、実に3倍の開きがあった。

食糧庁は「高価な給食が良質とは限らない」とコメントしている。たとえば有機野菜を使えば原材

学校給食の準備の様子（撮影：川地亜弥子氏）

料費はかさむ。残飯の廃棄にもコストがかかる。逆に、調理人が有能ならばコストは安くなる。特別食の要望への対応もコストに関わる。給食に最も高いコストをかけているティーエルプ市でも、生徒が必ずしもその「高価な」給食を好きなわけではなく、しばしば近くのスーパーでパンやお菓子などを買って食べている、という残念な状況が地方紙に掲載されていた。

学校給食の評価ツール

自治体間の差は、地方分権化したスウェーデンの特徴である。地域差に対応し、質を担保するために、学校監査庁が成果に対する評価と統制を行っている。学校教育法で規定されている給食も学校監査の対象である。

２０１１年に改定された学校教育法で、無料であることに加えて「栄養が十分にある」学校給食を提供することが規定された。そして２０１２年には、学校が自校の給食を評価できるウェブ上のツール「スウェーデンの学校給食（Skolmat Sverige）」が登場した。カロリンスカ医科大学の研究者が中心になって開発したツールで、食の栄養、安全、選択、持続可能性、教育的側面、組織とポリシーの六つの側面で包括的に評価できる。各側面についての質問に回答すると、自動的にレポートが作成さ

2019 年度のホワイト・ガイド・ジュニアの授賞式（撮影：Miriam Preis 氏）

れフィードバックされる。２０１８年には、41%の基礎学校がこのツールを活用していた。

レポートは、学校のウェブサイトに掲載したり、関係者間の協力を促したりするために活用することが想定されている。

「賞」をとって学校をアピール

公的な監査や評価以外にも、興味深い取り組みがある。学校給食に関する「賞」の存在である。そのひとつ、「ホワイト・ガイド・ジュニア（White Guide Junior）」は、毎年秋に最優秀学校レストラン、最優秀給食シェフ、最優秀調理人、最優秀グルメ校長などを発表している。ノミネートしたい学校レストランやシェフを推薦すると、ホワイト・ガイド・ジュニアのチームが学校を訪問し、味、栄養、食事環境、サービス、教育面など全体的な取り組みを評価するというものだ。

この賞は２０１３年に、北欧のレストランガイドである『White Guide』と、公的機関のグルメを扱った雑誌『Magasin Måltid』が共同で始めた。初年度は、全学校のおよそ5％に相当する２５０以上の給食現場に出向いたという。

「ホワイト・ガイド・ジュニア」の受賞は、毎年メディアにとりあげられる。常連校になっている学校もあり、たとえば、ウプサラ市のナンナ基礎学校は、最優秀学校レストランに2年連続で選ばれた。この学校は、給食調理人が腕を競う「学校給食グルメ（SkolmatsGastro）」という大会でも優勝しており、給食で名を上げている学校ともいえる。

給食で学校選択をする保護者・生徒がどれほどいるのかは不明だが、少なくとも学校の名前をアピールすることにはつながっていそうだ。

スウェーデンの学校給食は、生徒や教職員の一日を彩り、健康面や栄養面で欠かせないだけでなく、スウェーデンの教育課題や挑戦についても教えてくれる事例といえよう。

［中田麗子］

3 「オスロ朝食」からランチパックへ

温かい給食を望む声も

北欧の国々は教育に関して歴史的、制度的にも共通項が多い。しかし、つぶさに見ていくと相違点も多々ある。学校給食はそのひとつだ。スウェーデンでは、平等な社会の実現のために子どもたち全員に学校で食事を提供することが法律で決められている。

対して隣国ノルウェーの学校では通常、温かい食事は提供されない。子どもたちは家からランチパック（matpakke）を持参する。中身はパンにチーズやハムなどをのせたものや、果物・野菜などだ。加えて、学校と保護者が望めば牛乳、果物の提供を有償で受けられる。温かい給食が出されるスウェーデンと違い、ノルウェーでは弁当ならぬランチパック文化が今も受け継がれている。

筆者が訪れた中学校では、典型的なサンドイッチのほかに、菓子パンやピザパン、カップ麺を持ってきている子どももいた。メディアでは、温かい給食を望む生徒や保護者の声が報じられることもある。

典型的なノルウェーのランチパック
（撮影：Jeanine Brenna 氏）

家庭の責任

ノルウェーの都市部では20世紀初頭ごろ、貧しい子どもたちのために温かい給食を提供していた。しかし、隣国スウェーデンが国として温かい学校給食を提供し始めた1950年ごろから、ノルウェーでは給食の提供は減っていき、消えたのである。

その根拠は、社会が発展する中で貧困による栄養失調などの問題がそれほど大きくなくなったこと、そのため学校給食のコストを維持することに対する政治的支持が得にくくなったこと、また専業主婦が全盛期であったこともあり食事の提供は家庭の責任だという認識があったこと、などであった。

バランスよい朝給食

興味深い点として、給食制度がなくなる以前の1920年代に、温かい給食は栄養面で不適切だということが「科学的」に主張され、かわりにパン、チーズ、ハム、りんご、にんじん、そして牛乳などを与える方が、より栄養学的に適切だとされたことである。

これにより、温かい昼食ではなく、パンを中心とした朝食の提供が広がった。「オスロ朝食」といわれるものである。今でも子どもたちのもっとも典型的なランチパックは、この形である。

学校給食論争

近年では、学校における食事は再び政治的論争の種になっている。基本的には、学校での食事提供を拡大したい社会左党、労働党などの左派と、縮小したい右党など保守派の闘いのようである。

たとえば、社会左党は2005年の選挙戦で無料の学校給食を公約として掲げた。しかし、学校給食の導入はコストがかかりすぎることもあり、教育省が任命した調査チームの提案により、2007年に無料の果物、野菜の提供という現実的な形に落ち着いた。

その後、2013年に右党・進歩党が政権の座に就くと、果物、野菜の提供は保護者が申し込み、支払う仕組みに変わった。その結果、果物・野菜を学校でもらう子どもの数は激減したという。

労働党は栄養面、社会的側面、そして学習面からも学校給食の重要性を主張しており、社会左党とともに、何らかの形で学校給食を導入したいと考えている。

一方、右党は、食事提供よりも読み書き計算といった基礎学力を育成することや、教員数増加などが先決だという。調理室や食堂を備えていないノルウェーの学校に学校給食を導入するとしたら初期コストが大きくなってしまうこともあり、限られた予算の中で何を優先するか、各党の主張がぶつかっている。

変化にどう対応?

ノルウェーでも、スウェーデン同様に社会民主主義の理念のもと、平等な社会を形成するために学校は重要な場と位置付けられてきた。しかし、一方の国では学校給食の提供が法制化され、他方の国では食事の提供は家庭の責任と認識された。

ランチパックが機能している時には問題は顕在化しないが、ランチパックを持参しない・食べない子どもや、朝食を抜いたり、甘いものや脂肪分の過剰摂取など健康的でない食事習慣の問題もある。

移民の増加や不平等の拡大など、社会の状況も変わってきている。このような中で、ノルウェーの学校給食論争はどのような帰結を迎えるだろうか。

［中田麗子］

4 無理しない行事の工夫

保護者参観は朝の時間に

フィンランドで就学前施設に通い始めた娘の初めての行事は、親も子どもも先生も無理なく楽しめる朝食会だった。園行事の事例から垣間見られる、教員の労働環境を紹介する。

フィンランドでは幼稚園・保育園の区別がなく、生後9か月以降のすべての子どもがパイヴァコティ（Päiväkoti）と呼ばれる就学前施設に通うことができる。娘がパイヴァコティに通い始めて最初の父の日に、保護者が参加する「父の日朝食」があった。日本でも父の日や母の日の前後に参観日が設けられることがあるが、その朝食版だ。

ユヴァスキュラ市のパイヴァコティでは、昼食とおやつの他に、必要に応じて毎日朝食が提供されている。「父の日朝食」の日は、特別にすべての子どもと父親のために朝食が用意され、いつもより少し早く登園して、親子一緒にパイヴァコティで朝食を食べる。

保護者参観は、平日に行う場合は親が仕事を休まなければならないし、休日に行う場合は先生が休日出勤しなければならない。しかし朝の時間に行われれば、保護者はいつもより少し早く登園するだけで、仕事を休む必要はない。

「父の日朝食」では、親子が7時から9時の間の好きな時間に登園し、おのおの朝食を食べ、子どもがプレゼントを渡すようになっている。先生は子どもと一緒にプレゼントを用意する以外に特別なことはしない。当日は自宅で朝食を準備しなくていい分、逆にいつもより楽でさえあった。

パイヴァコティの朝食（撮影：矢田明恵）

子どもは父親に園を案内し、保護者はクラスや食堂の様子を見たり、他の親子と話をしたりできる。誰も無理をすることなく、子どもにとっても保護者にとってもうれしい行事だ。

合理化された行事

こうした行事のあり方は、教師の労働環境を考える上で重要だ。フィンランドでは、保育士を含む教員は子どもを指導するプロとして尊重されていて、授業・保育に最大限の時間を費やせるよう、それ以外の業務はできる限り取り除かれている印象を受ける。

行事の合理化はその一例だ。入園式や卒園式、運動会などはなく、父の日などの季節ごとの行事は先生と保護者双方が無理のないように工夫されている。行事などの連絡は紙の「お便り」で配布されるのではなく、先生と保護者が見られるＩＣＴプラットホームで配信される。そのため、行事によって先生の業務が大幅に増えることはない。そして、掃除や給食は、それぞれ専門の職員が雇用されている。

授業・保育に最大限の時間を

フィンランドの教員の労働時間は、国際的に見て短い。たとえば、２０１８年に実施された国際教員指導環境調査（ＴＡＬＩＳ）によると、フィンランドの中学校教員の労働時間は調査参加国平均よりも短い週33・３時間だった。一方で、「指導（授業）」にかける時間は、参加国平均並みだ。子どもと関わる時間はしっかり確保されているといえる。労働時間が短い傾向は、小学校・幼児教育においてもみられる。

長期休暇もとりやすい。小中学校の教員は学校が夏休みになる6月から8月頭までの2か月強、幼児教育の教員もおよそ1か月の夏休みを取るのが一般的だ。

教員を含む自治体職員の労働時間、給料、休暇などについては、すべての自治体において労働協約が結ばれており、それに基づいて決められている。97％の教員が加入するフィンランド教員労働組合（Opetusalan Ammattijärjestö：ＯＡＪ）の活動も活発で、幼児教育から成人教育に関わる教員すべての労働環境の改善に取り組んでいる。

このようにフィンランドでは、教員が過重労働にならない慣習や仕組みが浸透しているといえよう。合理化・専門化された労働時間と空間、休暇や給料などを確保する仕組みがあることが、質の高い保育・教育を生み出す土台にもなっている。

一方で、余計な仕事を極力減らすような工夫が、近年のフィンランド経済の低迷により、経費削減にからめ捕られないか懸念される。現在、およそ３００ある自治体が、教育費削減や人員削減、学校の統廃合、クラス人数の増加などを余儀なくされている。経費削減の流れの中で、フィンランドの教員の労働環境がどう守られ、同時に保育や教育の質がどう保たれていくのか、今後の動向に注目したい。

［矢田明恵］

5 極夜の国の登下校

学校送迎

スウェーデンでは1～2月は学校選択の時期だ。自治体によっては、8月から就学前学級（0年生）に進学したり、別の学校に移ったりする子どもの保護者が希望校を選択できる。ウプサラ市では、該当する保護者あてにはがきが届き、街には学校選択をリマインドするポスターが現れ、役所には臨時のサポート窓口ができた。

小さな集落や、牧草地や森の中に点在する家も多いスウェーデンでは、学校選択の際に登下校が課題になる。学校教育法で保障されているため、公立の基礎学校に通う場合は、登下校の距離や交通状況、子どもの障害などに応じて学校送迎が無料で提供されている。バスや電車の定期券が支給されたり、子どもマークを掲げたスクールバスやスクールタクシーが出されたりする。

　学校送迎が行われる条件は自治体ごとに異なるものの、多くの自治体では家と学校との距離を基準にしている。通常、小学校段階の低学年の場合は最低2キロメートル、高学年では最低3キロメートル、中学校段階では最低4〜5キロメートルの距離で学校送迎が行われる。自治体によっては、学校送迎ゾーンを設定し、ゾーン内の学校を選べば送迎してもらえる。ウプサラ市では、ウェブ上の地図で学年ごとの学校送迎ゾーンが表示でき、学校選択の参考にされている。

子どもマークを掲げたスクールタクシー
（撮影：本所恵）

増す必要性

　危険な道路が通学路にある場合や、障害をもつ生徒に対して学校送迎が行われることも多いようである。また、冬季のみ送迎を行う場合や、両親が離婚していて父親・母親のもとに代わる代わる住んでいる場合、社会統合を目的として移民の子どもを家から遠い学校に通わせる場合にも送迎が実施されることがある。

歴史的に、学校送迎はスウェーデンの学校の発展とともに議論されてきた。１９２０年代には、小さくて質の低い学校が多かったため、統廃合によって学校規模を大きくし、代わりに子どもたちを送迎するという文脈で、学校送迎が議論された。それによってコストが削減でき、教育の質も上がるというわけである。

戦後、１９５０年代から１９６０年代にかけて９年制の基礎学校が形作られ、農村地域にも大きな学校ができ、生徒が比較的広い範囲から通ってくるという状況ができた。近年では、学校選択制が導入されたことによって、住まいから最も近い学校以外の学校を選択できることになったため、送迎の必要性が増しているといえる。

学校選択制の導入によって、学校送迎に関する自治体の判断は複雑になっている。学校送迎の権利は、基本的には公立学校に通う生徒にしか付与されない。ただし、自治体にとって組織的・財政的な困難がない場合には、私立学校に通う生徒にも学校送迎を提供することになっている。

廃止される事態も

子どもや保護者にとっては、その時々の自治体の判断によって状況が変わる危うさも含んでいる。実際にティングリューズ市では、２０１８年の夏、新学期を目前にしてある私立学校の学校送迎廃止が決まり、保護者と子どもたちが困惑する事態になった。

保護者は「学校選択制が導入されたからには、送迎に関してもきちんと保障してほしい」と主張。しかし自治体は「組織的・財政的に追加のコストがかかってしまう。私立学校が送迎を準備するべきだ」という意見だ。私立学校の増加や、学校選択制導入による公教育の役割・責任分担の議論が表れている事例ともいえる。

北欧の長い冬の間、子どもたちの登下校は暗闇の中だ。学校選択がこの時期にあるのは、登下校の条件がもっとも厳しい時期を念頭において通える学校を選ぶ、という意味でも理にかなっているかもしれない。

［中田麗子］

6 ペットのいる教室

動物の効用

学校はストレスの多い場所だ。これには、宿題を減らしたり、補助教員を増やしたりしても仕方がない。必要なのはペットだ。ペットは人に安らぎを与え、穏やかな気持ちにしてくれる。このような理由から、スウェーデンではペットを飼っている教室を見ることがある。教室に動物がいることで、子どもたちが学習に集中し、モチベーションや自己肯定感が高まると期待されている。

アニマル・セラピーは医療や福祉、介護の分野で取り入れられてきたが、教育現場での有効性も主張されている。職場にペットを連れてくる大人がいるように、学校にもペットが必要だと考える人もいる。教室に動物がいるメリットは、ストレスを軽減させ落ち着いて学習に向かえるなどの精神的な効用と、動物を題材に学習を進めるときの教育的な効用とがある。

基礎学校5年生から9年生の子どもたちが通うステーゲフス・ヴァルドルフ基礎学校では、1977年の設立当初から馬、豚、ニワトリ、羊を飼っている。この学校には、ADHDやアスペルガー症候群と診断された生徒が多く通っている。ある生徒は、機嫌が悪かったり、悲しい思いをしたりしたときに羊に会いに行くという。餌をやり、なでてやることで、羊の気持ちを感じられるという。また、この学校では、教室で犬も飼っている。犬は毎朝生徒が登校すると、全員にあいさつし、なでられてから教室の床に伏せる。生徒は授業中に気分が悪くなると犬をなでにやってくる。この学校の特別支援教員は、教育犬が教室にいることで、子どもたちは落ち着き、集中して授業に取り組むようになったという。

農業高校ではペット同伴での登校が認められるケースが多い。カルマル農業高校では、馬と犬、そして小型の動物（ウサギやモルモットなど）であれば、自分のペットを学校に連れてきてよいことになっている。この高校では、ペット同伴登校のルールを定めた内規を用意し、それぞれの動物に適した飼育場所を設置している。生徒は年度当初に学校に申し出て、担当教員が審査することになっている。

教育犬の養成コースも

この他、子どもの読書に寄り添う読書犬など、さまざまな目的で動物が学校に配置されている。しかし、動物を不用意に教室に入れると、子どもに危害を加えたり、動物アレルギーを悪化させたりするリスクがある。

また、移民の子どもの中には、出身地に野犬がいることから、犬を見ると強い恐怖心をもつ子もいる。そのため、教室に動物を入れるためには、動物、飼い主、教師、子どものそれぞれに特別な訓練や準備が必要になる。

教室で訓練中の教育犬ジンゴ
（撮影：Carina Tångring 氏）

スウェーデン教育犬研究所では、1歳を過ぎた犬とその飼い主に対して、教育犬の養成コースを提供している。教育犬は18か月間、1日2時間のレッスンを繰り返し、子どもとの関わり方を訓練される。また、飼い主は犬のストレスをためないように、広い運動の場を用意したり、動物アレルギーを避けるために犬を頻繁に洗ったり、新鮮な空気に触れさせたりすることを学ぶ。

教育犬を教室に連れて行くときには、動物アレルギーの子どもと遭遇しないように、専用の出入り口を用意し、授業が始まってから教室に入るようにするなどの配慮が必要だ。子どもたちは、犬をおびえさせたり、必要以上に関わってストレスを与えすぎないようにするなど、事前に動物との触れ合い方を学ぶ必要がある。また、飼い主や教師は、子どもだけで犬にお菓子を与えないように、よく注意して見守る必要がある。

これらの措置を講じても、子どもの安全・安心や動物アレルギーを心配する親の懸念は払しょくできない。動物アレルギーの患者団体からは、動物を学校に入れないようにする法律を作るべきだという声も出ている。多様な価値観が交錯する学校では、賛否双方から議論が続いている。

［林　寛平］

7 スウェーデン流お便り帳

手ぶらで登園、お知らせはデジタル化

スウェーデンのプリスクール（幼保一体型の施設）に子どもを入れて驚いたことがある。毎朝の持ち物がほとんどないのだ。着替えの服やおむつは定期的に補充する必要があるが、毎日の登園は手ぶらなのである。お昼寝も、大きな布団セットは必要なく、週初めにタオルケットや毛布だけを持っていけばよい。持ち物が少なくていいのは、朝の時間にひと手間でも省きたい親としては大助かりだ。

さらに、お便り帳やプリスクールからのプリントなど、紙のやりとりもない。そのような情報はすべてデジタル化されており、保護者はデジタルプラットホームにアクセスして、お知らせを確認する。そこで興味をひかれたのは、園やクラス全体に向けたお知らせだけでなく、園での自分の子ども

あるプリスクールの部屋の様子。ランチを食べたり、パズルやビーズで遊ぶ。
（撮影：Monica Andersson 氏）

の様子を知ることができることだ。たとえば、クラスで散歩に行ったときに何に興味をもったのか、部屋の中で積み木を使ってどのように遊んでいるのか、そういった日常の子どもの様子が、折に触れて複数の写真や、時に動画とともにつづられていた。日本の園で見られる個別の「お便り帳」がデジタル化されているような印象だ。

ドキュメンテーションと質向上

個々の子どもの活動の記録は、実は単に様子を知らせてくれるだけのものではなかった。「学習ログ」として記録されていたのである。学期末の保護者面談のときには、「学習ログ」を見ながら先生が子どもの様子を話してくれた。

スウェーデンでは、いわゆる幼保が一元化されている。管轄が社会福祉省から教育省に移るとともに、1998年にプリスクールのカリキュラムが策定されると、教育を担う役割が強化された。「学習ログ」のような記録（ドキュメンテーション）の実施はカリキュラムでも規定されており、子どもたちの成長や学習を記録し省察することで、園の活動の質向上を目指すものである。

上述の「学習ログ」では、一つひとつの活動がプリスクールのカリキュラムのどの部分にあたるのか明記されていた。たとえば、森に散歩に行ったときの活動は、「運動能力、協調能力、身体感覚を発達させるとともに、健康とウェルビーイングを守ることとの重要性を理解する」「自然の中で自然科学や関係性についての理解を発達させ、植物、動物、簡単な化学過程や物理現象に関する知識を発達させる」といったカリキュラムの項目にひもづけられている。

こうしたドキュメンテーションの活動が、スウェーデンのすべてのプリスクールで実施されているのだろうか。少し前だが、学校監査庁が２０１２年に出したレポートによると、その実態は園によって差があるようだ。また、もともと意図されている目的にはかなっていない事例も多々あるという。たとえば、子どもたちの絵や作品の写真を集めてファイリングはするが、そのファイルがしばしば「棚をあたためているだけ」のものになっていたり、活動の写真を撮って壁の上方に飾ってあるが、子どもや保護者には見えないものになっていたりする、といった事例である。

何をどのように記録し、どう活用することで質の向上につなげるのか、その理解と実践にはばらつきがあるようだ。一方、デジタルプラットホームやタブレット端末などの普及で、写真や動画を簡単に撮影してアップロードできるようになり、保管と活用が容易になった部分もあるだろう。

こうした技術の活用も広がる中で、スウェーデンのプリスクールにおける「学習ログ」や「質向上」の取り組みがどのように進められていくのか。その行方に注目したい。

［中田麗子］

8　ＩＣＴで広がる特別な支援の可能性

ＩＣＴと特別な支援の親和性

ノーマライゼーションや本人参加の保障をめざすには、障害があっても自己決定できる環境が必要だ。北欧諸国は、この環境づくりにＩＣＴを活用して熱心に取り組んでいる。教育現場でのＩＣＴ活用は、特別支援教育だけでなく、通常学級でも新たな可能性を広げている。

従来、脳性マヒなどがあって話すことが困難な人は、「ブリスボード（イラストが描いてある表）」を用いて「会話」をしてきた。イラストを指や視線で示して伝えたいことを表現するのだ。また、知的障害がある人との会話では、ピクトグラムなどを用いて意思疎通の困難さを補っていた。それをＩＣＴに組み込んだのが「ウィジット（Widgit）」というソフトウェアだ。同ソフトでは、単語を入力すると対応するイラストが表示される。近年スウェーデンの知的障害学校では電子黒板に映像を提示するだけではなく、その内容を資料として配布する際に「ウィジット」を活用している。

「ウィジット」は個別のスケジュール提示や作文、連絡帳にも用いられている。教師や保護者が子どもの思いをよりよく理解し、コミュニケーションを促進するだけでなく、子ども自身の活動参加を促し、自立と自尊心を高めると評価されている。筆者が訪問した教室では、知的障害がある子どもが「ウィジット」を用いて環境問題の学習に取り組んでいた。

ＩＣＴは感覚障害がある人にも活用されている。視覚障害がある人のための読み上げ機能付きパソコンや点字キーボード、聴覚障害がある人のための手話が提示される教科書などである。また、ノルウェーの重度重複障害児のための特別学級では、スウェーデンの企業が開発した視線入力ができるパソコンも設置されていた。

通常学級の中での支援にも

北欧では、通常学級でもＩＣＴが広く活用されている。このことにより、障害だけではなくさまざまな「特別な教育的ニーズ」のある子どもが同じ教室で学ぶことが可能になる。北欧のインクルーシブ教育の特徴だ。

デンマークでは文字を読んだり書いたりすることに困難を伴う「ディスレクシア（読字障害）」の子どもたちに、支援用にカスタマイズされたパソコンが貸与される。入力時に単語の候補が自動で呼

授業内容を「Widgit」で提示（スウェーデン）
（撮影：是永かな子）

手話動画対応の教科書（スウェーデン）
（撮影：藤本明菜氏）

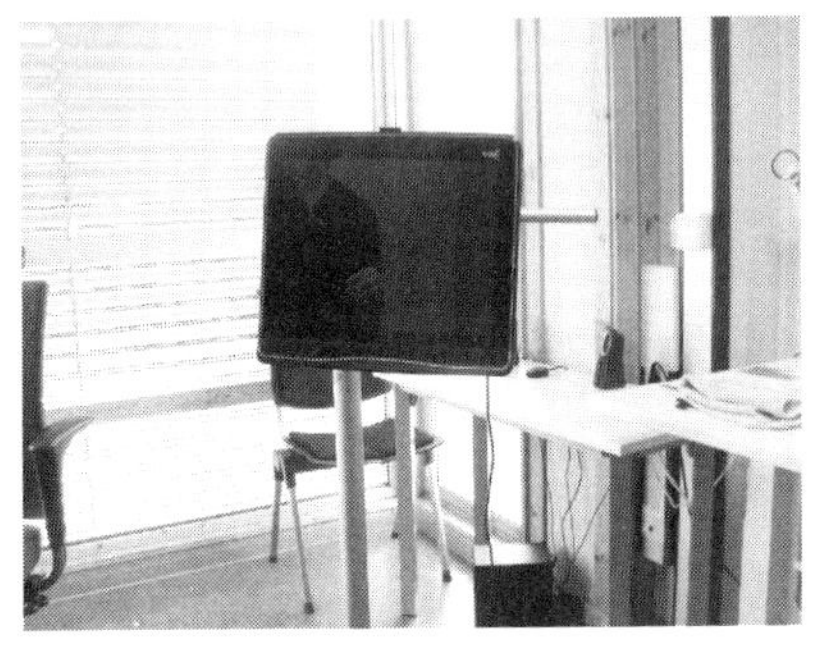

視線入力用スクリーン（ノルウェー）
（撮影：是永かな子）

び出される機能や、スペルチェック、音声読み上げなどの機能がついている。使い方は、読字学級などにおいて専門教員が指導する。

フィンランドの高校では、子どもの学習上の困難をみつける読字書字スクリーニングテストでパソコンやタブレットを用いて回答させていた。以前は手作業で行っていたデータ分析にＩＣＴを活用することで、特別な支援が必要な子どもの早期発見・早期支援につながっているとのことだった。

個に応じた学びの保障

ノルウェーの教室では、子どもが課題の難易度を選択しながら学習を進めていたが、その際、子どもの手元のタブレットには難易度一覧表や複数の種類の教材が配布されていた。また、電子黒板を使うと異なる難易度の課題提示も容易だ。近年は子どもの記録の蓄積や、保護者との連絡もオンラインで行われるなど、ICTの活用範囲はいっそう広がっている。

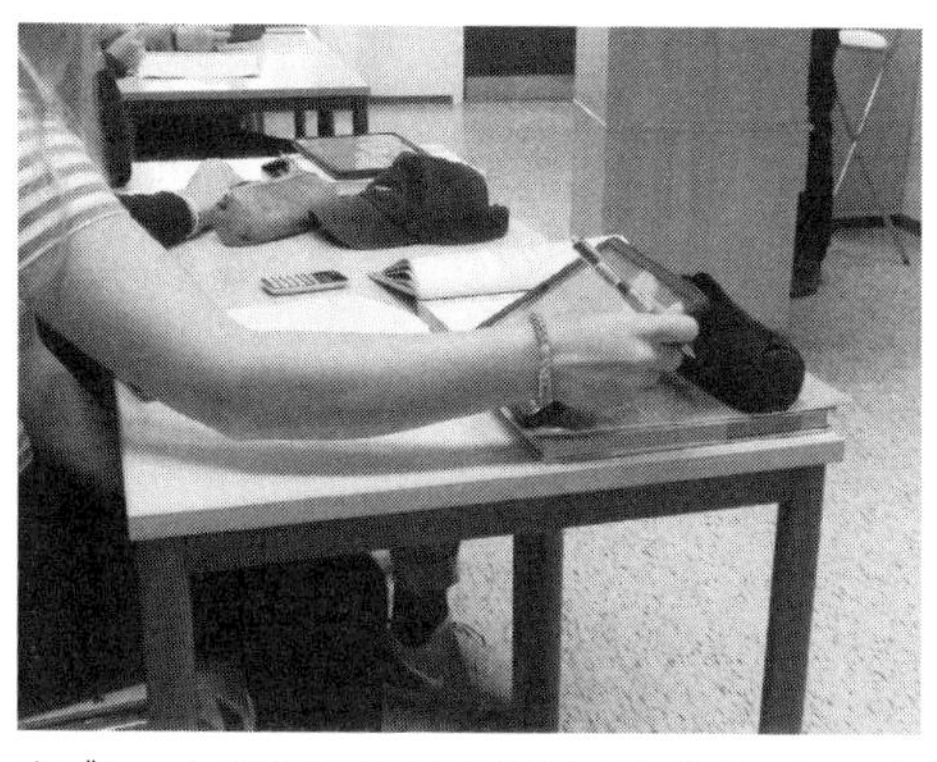

タブレットで課題難易度を選択する（ノルウェー）
（撮影：是永かな子）

このように、北欧では、ICTが通常学級において特別な支援だけでなく、個々の生徒のニーズや能力に応じた学習が提供できる環境として位置づけられている。その上で、必要な場合は個別の「合理的配慮」として専用ソフトやアプリケーションを追加したり、特別な教員による支援、特別な学級や学校での教育が提供されたりしている。

こうした実践は、日本にとっても示唆に富む。日本では、学習障害と診断された子どものためにICTを活用しようとしても、「ノート指導は必要ないのか」「依存し

電子黒板に異なる難易度の課題を提示（デンマーク）（撮影：是永かな子）

すぎないか」といった反応が聞かれる。タブレットなどを特定の子どものみが活用するときには、同級生や保護者から「ずるい」「えこひいき」と言われたらどのように答えればよいかという不安があったりする。しかし、北欧の事例を見ると、ＩＣＴの普及によって特別な支援が通常学級における指導の一部になる可能性が示されている。

今こそ、「形式的平等」から「実質的平等」への教員の意識変革が必要なのではないか。学校におけるＩＣＴ活用が当たり前になったとき、日本におけるインクルーシブ教育が大きく変わることを確信している。

〔是永かな子〕

9 ユースセンターのある日常

「ブリット＝マリー」がついた職

スウェーデンの大ヒット映画『ブリット＝マリーの幸せなひとりだち』が２０２０年に日本でも公開された。63歳の専業主婦が夫の浮気を契機にひとり立ちをし、片田舎で最初についた職が余暇リーダー（fritidsledare）であった。映画の中では、小学生の世話をするためにサッカーのコーチをしたり、ユースセンターを管理したりする職として描かれている。

「ユースワーカー」と訳されていたこの職業はヨーロッパでは長い歴史をもつ。そのルーツは産業革命後の19世紀にあり、イギリスで生まれたＹＭＣＡやボーイズブリゲード、ボーイスカウトなど青少年のグループ活動が起源となっている。スウェーデンではセツルメント運動から伝搬し、最初は「ヘムゴード（hemgård）」として広まった。今日では、国内に1350のユースセンターおよび余暇センター（fritidsgård）がある。

若者の利用実態はさまざまだ。一度も利用をしたことがない若者の割合は7割を超える一方で、移民が多い郊外の街では利用率が高い傾向にある。

では、ユースワークの現場は実際にはどのような様子なのであろうか。筆者は、スウェーデン滞在中にユースワークの現場にどっぷりと身を投じてみた。

「若者の家」の外観（撮影：両角達平）

「若者の家」の日常

筆者が潜り込んだ現場は、ストックホルムにあるユースセンター「もうひとつの家——若者の家（Andra Hemmet：Ungdomens hus i Skärholmen）」だ。センターでは、音楽活動やダンス、料理、ネットやゲーム、ビリヤード、卓球などができるようになっていて、カフェのような空間でくつろぐこともできる。職員は、「若者がやりたいことをサポートすること」「大人としてお手本（ロールモデル）となること」を意識しているという。

ユースセンターは、基本的に誰でも無料で利用できる。会員証を作成する必要もない。また、施設が提供する活動に参加するだけでなく、若者がやりたいことを実現することを支援するアプローチも採用している。これらの方法はオープン・レジャー・アクティビティ（Open Leisure Activity：OLA）と呼ばれ、若者の来訪しやすさを高めながら、主体性を引き出すことにつながっている。

若者の余暇とユースワーカーへの期待のあいだで

「若者の家」のホール（撮影：両角達平）

「若者の家」には、夕方になると暇を持て余した近所の若者が現れ始める。筆者が滞在した日には、15歳くらいの若者が何人かいた。筆者はDJを教える講座を開講していたのだが、事前に告知していなかったので参加者はいなかった。ロビーにいる若者と立ち話をしたり、卓球をしたりしていると、ひとりの若者がDJをやってみたいと声をかけてくれた。他の若者もおもしろがってついてきた。

スタジオに入るやいなや、彼らはマイクを持ってラップを始めたり、ターンテーブルを操作したりとショーが自動的に始まった。ある若者からは、囃し立てられるように「カンナム・スタイルやって！」とリクエストを受けた。東アジア人の筆者の外見から連想して、そのようなリクエストをしたのだろう。

それについて「差別的だ！」と諭すことも可能だが、ここは学校ではなく「若者の家」である。この時間は彼らの余暇であり、彼らのやりたいことをサポートするのが筆者の役割である。同時に、大人としての「ロールモデル」であることが期待される。そのような期待のなか、場の空気を敏感に感じとり、それぞれの若者のニーズを瞬時にくみ取りながら関わり、信頼関係を築くことが求められる。

教科書もなければナショナル・カリキュラムもないので、指導者であるユースワーカーにも具体的な「マニュアル」はない。学校が楽譜のある「オーケストラ」であるのなら、若者の余暇の時間・空間で実践されるユースワークは「ジャズ」のようなものだ。現場では、常に即興のジャム・セッションが展開される。いい感じの曲になる時もあれば、微妙な雰囲気になるときもあるし、こちらが一方的に傷つくこともある。しかし、そんな「あそび」が許容されている安心感が「ユースセンター」を作っていて、若者からも社会からもそのような期待をされている。

結局、この日に若者とどのようなやりとりをしたのかは覚えていないが、一緒にカンナム・スタイルを爆音で流して踊ったことは確かだ。20時を過ぎて閉館時間となり、若者たちは嵐のようにさっていった。ユースセンターのドアは今日も開いている。

注

ユースセンターおよびスウェーデンのユースワークについての詳細は、宮代哲男他（2019）『スウェーデンのユースワークをたずねるたびに―― スタディツアー報告書』を参照されたい。

［両角達平］

10 デンマークの図書館のメーカースペース

図書館資料とのコラボ

デンマークの公共図書館でメーカースペースが広がっている。メーカースペースとは、3Dプリンターやレーザーカッターなど各種創作活動のための資源や、そこに集まる人々の知識を共有し、何かを作ることのできる空間のことだ。ファブスペースやファブラボなどと呼ばれることもある。

利用者は、作りたいものを作りたい時に自由に作れるし、ワークショップに参加し、スタッフのサポートを受けながら創作活動を進めることもできる。中には、学校と協力してコースを提供する公共図書館のメーカースペースもある。

ヘアニング市の公共図書館では、2018年2月からメーカースペースを設置している。3Dプリンター、レーザーカッター、デジタルミシンや、プログラミングロボット、動画編集や３Dモデリング用のソフトウェアが入ったＰＣなどが備えられ、誰でも自由に利用できる。

　このメーカースペースの重要な役割のひとつに、市内にある学校のＩＣＴ教育・プログラミング教育の支援がある。学年別にコースメニューを用意していて、教員は自由にコースを選択できる。たとえば、低学年向けの「プログラミングの考え方を学んでロボットを動かす」や、小学校中学年から中学生を対象とした「アニメーションを作る」などのコースがある。

オーフス市図書館のメーカースペースのポスター
（撮影：佐藤裕紀）

「micro:bitを使って本のお話の世界を表現する」というコースでは、図書館の蔵書１冊を生徒に読み聞かせた後に、その本のお話の世界をコーディングブロックで表現する。つまり、図書館が持つ情報資源と、デジタルデータを用いた創作活動（デジタル・ファブリケーション）を組み合わせている。

　デンマーク文化省の城・文化局がまとめた報告によると、２０１８年には全国に98ある基礎自治体のうち27自治体で、公共図書館と学校との協力により何らかのメーカースペースを活用した取り組みが行われているという。また22自治体において、公共図書館内のメーカースペースを拠点に、継続的なクラブ活動が行われている。

図書館、学校それぞれの事情

公共図書館にメーカースペースが広がった背景には、図書館が直面している課題が関係している。資料の電子化や、電子図書館サービスが進展する中で、いま図書館は、物理的な「場」としての存在意義が問われている。創作活動というリアルな体験機会を提供するメーカースペースは、「場」としての図書館の存在意義を市民に改めて提示するための方策のひとつになっている。

一方、教育界では２０１４年の教育改革を契機に、学校教育を地域社会に開き、企業や各種民間団体、行政機関など、学校外との密接な関わりの中で展開させる「オープンスクール」が重視されるようになった。

そこにＩＣＴ教育・プログラミング教育の重要性の高まりが相まって、オープンスクールとして、公共図書館のメーカースペースを学校が利用するというケースが増えている。

メーカースペースは、学校と公共図書館が直面している課題の交点にある。これらの課題は日本でも決して無縁ではなく、デンマークにおける取り組みは示唆に富んでいる。

［和気尚美］

11 師走の学校

冬の伝統行事

12月のスウェーデンは伝統行事がめじろ押しだ。10日にはノーベル賞の授賞式、13日はルシア祭、25日はクリスマス、そして大みそかと続く。街はイルミネーションに彩られ、デパートではクリスマスセールがピークを迎える。そして、「師走」はスウェーデンの教師にもやってくる。

ノーベル・ウィーク

スウェーデンの教員たちは伝統行事を大切にしている。多くの学校では12月に入ると「ノーベル・

ウィーク」のプロジェクト学習に取り組む。受賞対象となった研究や研究者の生い立ちを調べたり、晩さん会の食事やテーブルマナーを学んだりする。学年が上がると、ノーベル賞の社会的機能や国際政治との関係、アルフレッド・ノーベルの遺言と近年の課題について分析することもある。

授賞式当日の10日になると、学校のカフェテリアでは晩さん会を模した特別な食事が出され、ステージでは優秀なプロジェクトが表彰される。また、高学年の生徒が企画して晩さん会後にダンスパーティーを開く学校もある。

主催国とはいえ、スウェーデン人の受賞はそれほど多くない。それゆえ、毎年の「ノーベル・ウィーク」は科学の発展を身近に感じる良い機会となっている。

ルシア祭

ノーベル賞が終わると次はルシア祭だ。12月13日は朝から公共放送（SVT）で特別番組が放送される。学校では白いドレスを着て頭にろうそくを着けた女の子たちが隊列を作り、歌を歌いながら行進する。天使、ジンジャーブレッド（人型のクッキー）、妖精トムテ（あるいはサンタクロース）などの衣装を着た子たちがこれに続く。

照明を落として真っ暗になった体育館ではルシアのろうそくがステージをほのかに照らし、サンタ・ルシアの合唱が厳かに響く。ルシアの儀式の後には、クリスマスバザーが開かれる。子どもたちが作ったクリスマス飾りが並べられ、保護者が買っていく。スウェーデンではクリスマスは家族で祝うため、ルシア祭は学校で祝うミニ・クリスマスのような行事になっている。

スウェーデンはプロテスタントを国教と定めるが、学校と宗教は分離されている。イスラム系の移民・難民も多く、教室の中には偶像崇拝を禁じられている子もいる。それでも、ルシア祭やクリスマスは伝統行事の一環として毎年行われている。クリスマスの時期が近くなると、日用品や文房具を詰めたプレゼントを用意し、貧困国の子どもたちに送る学校もある。バザーの収益金をどこに寄付するか、子どもたちが話し合ったりする。

ホテルのツリーの下には大量のプレゼントが届いていた（撮影：林寛平）

クリスマスの慈善活動

クリスマスに慈善活動としてプレゼントや寄付を贈るのは、学校だけでなく、社会の中に広く浸透している慣習のようだ。

北欧で約２００軒のホテルを運営するノルディック・チョイス・ホテルズは、クリスマスを独りで過ごす子どもにプレゼントを届ける活動を展開している。活動に賛同する人はおもちゃ屋などでプレゼントを購入し、「メリークリスマス！　このプレゼントは3～5歳の外遊びが好きな子向けです。ピアより」というようなカードを添える。

ホテルのクリスマスツリーの下にプレゼントを置いていくと、慈善団体を通じてひとりぼっちの子どもに届けてくれる。寄付者に見返りはない。ホテルも、集められたプレゼントひとつにつき約130円（10ノルウェー・クローネ）をユニセフに寄付している。2017年は6万3880個のプレゼントが集まり、約8430万円（63万8800ノルウェー・クローネ）が寄付された。

一年で最も日が短いこの季節には、日照時間は6時間を切る。登校も下校も暗闇の中だ。スウェーデンの冬は暗くて寒く、過酷だ。この寒さが社会的連帯の温かみを際立たせているのかもしれない。

［林　寛平］

第4章

課題と挑戦

いつの時代も、教育を良くしようという努力は各国で行われてきた。現代の特徴は、グローバル化のもとで各国の教育改革にも共通点が見られることだ。北欧も日本も、教育の共通の課題に立ち向かう同士として、お互いに学びあう関係にある。

北欧では課題にどのように取り組んでいるのか。独特の施策を講じている場合もあれば、解決の糸口をまだ探っているものもある。また、北欧が日本の取り組みから学び、取り入れているという事例もある。日本人が長らく北欧の教育の魅力にとりつかれているのと同様に、北欧もまた日本の教育の卓越性に注目しているのかもしれない。

[中田麗子]

1 スウェーデンの英語教育

スウェーデン人は英語が得意？

スウェーデン人は英語が流ちょうなことで知られる。

母語はスウェーデン語なので英語は外国語である。また、スウェーデン語以外を母語とする移民も多いため、英語が第二、第三外国語である場合も多い。それでも、ほとんどの人が英語を話せるのである。言語の類似性や、メディア、日常生活で英語に接する機会が多いという事情もある。学校での英語教育はどうなっているのか。

英語のディスカッションの様子
（撮影：中田麗子）

高校生が英文学を議論

ウプサラ市の高校で英語の授業を参観した。この日の授業では、2年生がヘミングウェイの『白い象のような山並み』という短編小説を読み、そのテーマ、人物や風景の描写、シンボルについてグループで議論していた。この短編は、一組の男女が中絶をめぐる会話を展開するが、「中絶」ということは明示されていない。

「二人は恋人みたいだけど、関係がこじれているみたい」「何か犯罪を計画している話し合いなのでは」「二人の性格はずいぶん違うように描かれている」。生徒らは最初、スウェーデン語を交えながら話し合っていたが、授業の最後の方にはほとんど英語だけで進めていた。担当のカリーナ先生はグループをまわり、質問しながら話し合いを促す。

印象的だったのは、生徒たちが話し合いの際に、「ここにこう書いてある」「この描写からは……」と、必ずテキストに立ち戻って議論をしていたことだ。

カリキュラムの三つの柱

スウェーデンでは、英語の学習は基礎学校に入学してすぐに始まるが、ナショナル・カリキュラムに記されている英語教育の目的は基礎学校から高校まで一貫している。

英語は多様な領域（政治、経済、教育、文化）で使用されているとした上で、状況と目的に応じて積極的に、自信をもって使おうと思えるようになることがその目的である。

カリキュラムは（1）コミュニケーションの内容・領域、（2）受容：聞くことと読むこと、（3）生産と交流：話すこと、書くこと、対話すること、の三つの柱で構成されており、学年が上がるにしたがって幅や複雑さが増していく。

たとえばコミュニケーションの内容・領域については、基礎学校低学年では身近な話題である興味関心、人、場所について扱うことになっているが、高学年になると日常的な状況・活動・イベント、意見、経験、感情、予定といったものも扱うようになる。そして、高校ではさらに抽象的な領域、時事問題、倫理的・存在論的な問題、文学作品なども加わる。ヘミングウェイを英語で読み、議論するというのは、基礎学校から積み重ね、幅が広がった結果の英語の授業なのである。

日本も、小学校から高校までの一貫した目標を設定し、話すこと、聞くこと、読むこと、書くことを柱にしているという点では、スウェーデンの英語教育が目指している方向に似ている。日本語は言語体系が異なるため、スウェーデンの状況とは異なるが、お互いに学べることが多いのではないだろうか。

［中田麗子］

2 思考力を育み評価する高校の試験

学年末にレポートとプレゼン

スウェーデンの高校では、いろいろな教科でレポートやプレゼン課題が出され、その評価が成績に反映される。思考力や表現力を育成し評価するための課題や、その条件整備について紹介する。

学年末が約1か月後に迫った5月、ウプサラ市の高校2年生の教室を訪れた。生徒たちはこれまで学んできた美術史からひとつの時代を選び、時代背景とアートの特徴についてレポートとプレゼン資料を作成し、それらを用いて口頭発表をする課題に取り組んでいた。これは歴史（文化・美術史）の授業の学年末課題だという。

生徒は、個人あるいはペアで「シュールレアリスム」「印象派」「ロココ」などのトピックを選び、インターネットで関連する動画を見たり、紙の資料を読んだり、考えをメモしたりしていた。不安そうに、教師に口頭発表のスケジュールを確認している生徒もいた。

この課題は授業6回分、合計約7時間半を使って行われる。宿題として家庭で作業を続けてもよい。担当のマリア先生によると、授業中に作業させることで盗作を防ぎ、どのようなプロセスで取り組むかを生徒と話し合い、指導することができるという。

課題を遂行するために、先生はさまざまなサポートを提供していた。レポートの骨子をまとめるのに役立つ質問を書いたプリント、ショッピングカートいっぱいに積まれた文献、先輩のレポートやプレゼン資料の例示、参考文献の書き方や概要の紹介である。授業中には、一人一人の机をまわってサポートしており、この課題が試験であると同時に、課題遂行の過程が学習にもなっていることがうかがえた。

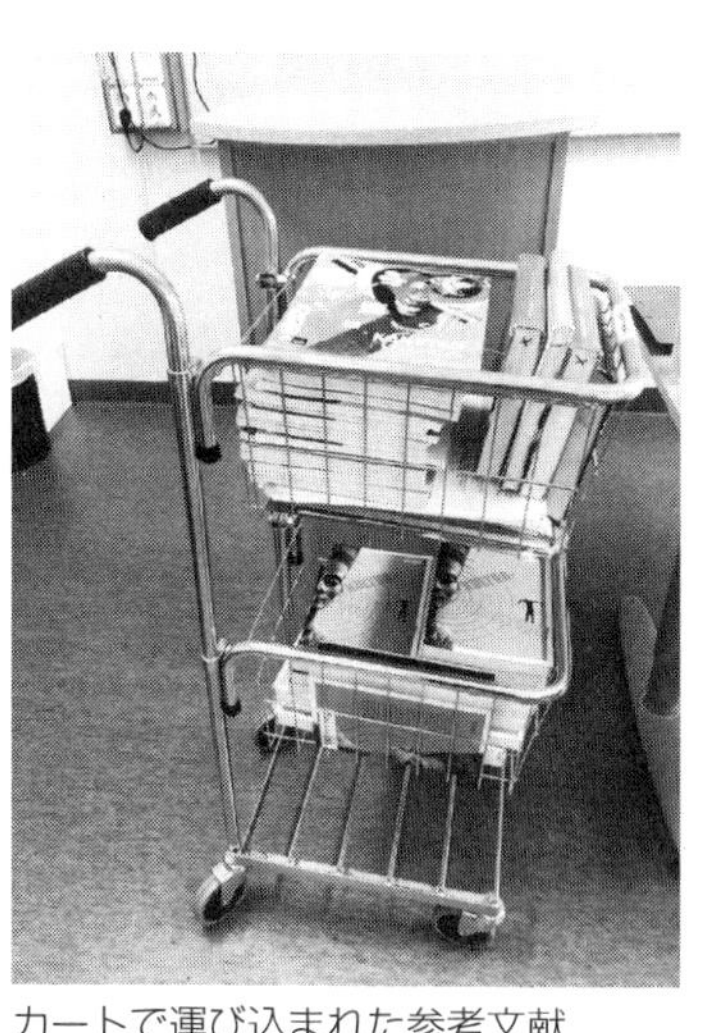

カートで運び込まれた参考文献
（撮影：中田麗子）

論述・口頭発表の評価方法

こうした課題はどう評価されるのか。基本的には、ナショナル・カリキュラムに記されている成績A、C、Eの習熟度が基準となる。

たとえば、上述した歴史の評価基準の一部を

課題遂行をサポートする教師（撮影：中田麗子）

紹介すると、「さまざまな時代の変化の過程、出来事、人物について簡単に描写することができる」とE、「詳細に」描写できるとC、さらに「詳細かつ繊細に」描写できるとAと定められている。こうした基準は、基礎学校から成人教育までのすべての科目について記載されている。

マリア先生は、ナショナル・カリキュラムをもとに、授業で行う課題に関する具体的な評価基準を作成し、それを用いてレポートや発表を評価するという。評価基準は生徒にも共有される。

このように評価基準がはっきりとしていることは、不合格になる生徒も当然いることを意味する。

評価を支える仕組み

こうした論述課題や口頭発表課題は、確実に遂行すれば、いわゆる思考力や表現力の育成と評価につながるに違いない。しかし、評価基準の整備など、実現にはさまざまな条件が必要であることも確かだ。

スウェーデンでは、ナショナル・カリキュラムで評価基準を詳細に記載しているほか、学校教育庁は評価のサポートのためのポータルを持っており、いくつかの科目に関しては評価課題の例も提供している。教師が課題を工夫できるように、土台が整えられているといえる。

高校生の思考力や表現力を育み評価するようなレポートやプレゼン課題は、全国的によく整備されたシステムの上で、教師の創意工夫が生かされている事例といえるだろう。

［中田麗子］

3 高校中退のセーフティーネット

中退者のための学校

スウェーデンでは長期欠席や中退については古くから議論があり、現在も引き続き課題となっている。地方自治体には、生徒が20歳になるまでフォローアップし、教育や訓練などの何らかの活動を提供する「活動提供責任（Kommunernas aktivitetsansvar för ungdomar：KAA）」が課されている。中退などによって将来の社会的自立が妨げられることがないように、何重にもセーフティーネットが張られているのだ。そのセーフティーネットのひとつとして高校中退者を受け入れているウプサラ市の「アンドラ・チャンセン」を訪れ、具体的な教育実践上の工夫を探った。

アンドラ・チャンセンは「セカンド・チャンス」という意味だ。その名が示す通り、高校中退者が再度、学校での学習に挑戦する場である。厳密には独立した学校ではなく、ある公立高校の中にある特別なセクションだ。

地図を頼りに訪問すると、川沿いの歴史ある建物にたどり着いた。思ったより大きくて驚いたが、同校が利用するのは1階だけで、2階以上は別の高校が入居していた。

1階には部屋が五つあり、スウェーデン語、英語、数学の教師3人に、校長、心理カウンセラー、職業指導担当と課外活動担当の7人のスタッフで、約40~70人の生徒を受け入れている。

個別学習を行う教室（撮影：本所恵）

生徒数の幅が広いのは、年度途中で入学する生徒が多いためだ。新学期から在籍するのは高校入学以前から長期欠席している生徒らであり、毎年約40人弱いる。その後は年間を通して、ウプサラ市内の高校を中退した生徒たちが転入してくる。

転入者はまず学力診断を受け、個別カリキュラムが作成される。授業は週5日、毎日5時間提供されているが、生徒は自分のペースで必要な量の学習を計画する。週2時間授業の生徒も、週15時間授業の生徒もいる。生徒は自分で設定した時間数だけ授業に出席すれば100％の学習をしたとみなされる。学校を長期欠席していた生徒であれば、週2時間授業などからはじめて、次第に時数を増やしていく。多くの生徒は、週4日12時間ほど授業を履修するという。

個別カリキュラム

授業といっても、多くの生徒が一斉に同じ内容を教師から教わるのではない。教師は教室にいるが、学習はすべて個別だ。各自で学習を進め、質問があれば教師に聞く。履修できるのはスウェーデン語、英語、数学の3教科。どれも、すべての課題や学習目標があらかじめリストアップされていて、生徒は全体像と自分の進捗(しんちょく)を確認しながら、自分のペースで学習を進めていく。

このように各生徒に無理のない個別カリキュラムを用意しても、完全に出席できる生徒は少ない。ひとつの授業にいる生徒はたいてい10人以下で、新学期には1人のこともあるという。ほとんどの生徒は学校にネガティブな印象を持っており、カリキュラムや環境が用意されていても毎日通うのは簡単ではないのだ。

そのような生徒たちに対してアンドラ・チャンセンは、学校と家庭との中間的な場所になることを心がけ、各生徒への丁寧なメンターシップによって無理強いせずに学習を支援している。4～5割の生徒は、1年間在籍した後に、一定の成績を得て通常の高校に進学していくという。3年間通った後、就職したり職業訓練や成人教育に移行したりする生徒もいる。

各生徒の状況に応じた柔軟なカリキュラム編成が、生徒の学習を支え、自己肯定感を育み、社会生活につなげる役割を担っていた。

［本所　恵］

4 チームで支えるヘルスケア

学校生活を支える「生徒保健チーム」

いじめ、不登校、貧困などの子どもの多様な課題に対しては、教師が抱え込むのではなく、心理カウンセラーやソーシャルワーカーなど、さまざまな専門家との連携が不可欠だ。スウェーデンの学校では、「生徒保健チーム（Elevhälsoteam：ＥＨＴ）」と呼ばれるチームがおかれ、医療や心理の専門家との協働が展開している。

「生徒保健チーム」は、「生徒の健康（elevhälsa）」のためのチームで、言い換えれば学校保健に携わる専門家チームだ。ただしこの「健康」は広い意味を持っていて、いじめや不登校など、日本では「生活指導」として扱われる問題も含んでいる。

協働を支える学校のカフェルーム（撮影：本所恵）

学校保健は、学習の土台となる子どもの心身のヘルスケア全般を意味していて、学校活動の一環に位置付けられる。その中核を担うために、学校長を中心に、学校医や学校看護師、スクールカウンセラー、福祉士、特別支援教員、進路カウンセラーなどがチームを組む。なお、福祉士（kurator）は生徒だけでなく教師や保護者の相談も受ける専門職で、大学でソーシャルワークを学び、多くの場合、心理学も学んでいる。進路カウンセラーも、大学に専門養成課程がある専門職である。

元来、学校保健は学校医や看護師による衛生面や身体の健康に関する維持管理を意味していた。１９５０～６０年代になると、子どもたちの心理的な問題が目立ち始め、心理カウンセラーや福祉士が関わり、メンタルヘルスも扱うようになった。さらにその後、学習や進路に伴う不安などを扱う特別支援教員や進路カウンセラーが関わるようになった。学校保健の範囲が拡大するとともに、多様な専門性をもつスタッフが協働するチームが発展した。

専門家の連携

ある学校では週に一度、生徒保健チームが集まって、問題のある生徒のケース会議を行っている。チームが対象とするのは、無断欠席が目立つなどの理由でクラス担任から報告された生徒である。報告を受けると、生徒保健チームのメンバーが保護者や生徒と面談を行い、生徒の状況に応じて専門家がカウンセリングや学習支援などの対策を講じ、学期末にフォローアップの面談を行う。それでも問題が解決しない場合は、自治体のソーシャルサービスに協力を依頼する。

このように、教師個人が大きな責任を持つのではなく、必要な専門家がそれぞれの専門性を生かして対応するシステムが整えられている。

時間や人材の不足も

ただし、生徒保健チームの専門家は、ほとんどの場合複数の学校を掛け持ちする非常勤だ。あるいは、地方自治体が必要な専門家を雇用して生徒保健チームを組織し、必要に応じて各学校の依頼を受ける。こうしたチームは生徒とは距離があることが多く、生徒保健チームに依頼する前に教師が対応している事例が少なくないことも報告されている。

最近では、特にメンタルヘルスに関する問題を抱える生徒が増えて、心理カウンセリングの待ち時間が長くなっている。多くの自治体や学校が適切な能力を持つ人材の不足に悩んでいる。

こうした生徒保健チームの課題は、日本の学校教育でも課題とされている、専門家との連携の限界や留意点でもある。また、生徒保健チームの特徴として、生徒の心身のヘルスケアという明確な目的と、段階的にシステム化された対応が目を引く。現実的な整備や活動を円滑に進める鍵でもあるだろう。

［本所　恵］

5 「0年生」から始まる義務教育

遊びの中での学び

2018年から、スウェーデンでは義務教育が1年伸びた。7歳から始まる基礎学校の前に、6歳児が1年間通う「就学前学級」、いわゆる0年生が義務化されたのだ。プリスクールと基礎学校をつなぐこの学年には、どんな期待が込められているのだろうか。

ナショナル・カリキュラムによると、就学前学級の学習内容は主に5領域ある。言語とコミュニケーション、創造性と芸術的表現、数学的思考と表現形式、自然・科学技術・社会、遊び・身体活動・野外活動。各領域に主な内容が設定されており、さまざまな活動の中にそれらが組み込まれている。

たとえば、ある就学前学級は、毎週木曜日の午前中は1年生と一緒に学校の裏山に小遠足に行く。

さまざまな葉を拾って自然に親しみ、野外での遊びを学ぶ。教室に戻ると葉の絵を描き、木の種類を学び、文字で書く。一連の活動を、子どもたちは楽しい遊びと認識していたが、異なる領域の多くの学習内容が含まれていることが分かる。

別の時間には、アルファベットのLを学ぶ際に、Lがつく言葉を集めるだけではなく、身体やおもちゃなどでLの形を作ったり、ライオン（頭文字がL）の絵を描いたりしていた。アルファベットの学習も、文字の読み書きだけではなく、広がりを持っていた。そしてこの学級では、アルファベットの学習に先立って韻をふむ言葉遊びを繰り返し行っていた。韻をふむ言葉を集めたり、作り出したり、リズムをつけた言葉遊びや言葉合わせゲームをしたりと、子どもたちが言葉と音を楽しみながら学べるような活動が組まれていた。

その学級には、スウェーデン語がままならない移民の子どももおり、韻をふむ言葉遊びは難しいのではないかと思われたが、どの子どももリズムやゲームを楽しみながら参加していた。教師は、移民の子どもも含めて、すべての子どもが楽しんで参加できるように工夫をしていた。言葉合わせゲームでは、理解度別に組まれたグループが難易度の違うカードを用いるようになっており、教師も支援の度合いを変えていた。

学んだアルファベットが、木に飾り付けられて増えていく
（撮影：本所恵）

スウェーデンの学校教育では、すべての子どもがそれぞれに必要な学習支援を受け、それぞれに合った学習を行うことが重視されており、就学前学級も例外ではない。それがグループの活動の中で自然に行われていた。

就学前学級義務化の目的

就学前学級が学校体系に組み入れられたのは1998年だった。当初この1年間は義務ではなく、プリスクールに通う代わりに任意で選択でき、基礎学校につながる学習を行う学年として設定された。現実には、多くの保護者が就学前学級に子どもを通わせるようになり、義務化前には、ほぼすべての6歳児が就学前学級に通っていた。この点では、義務化は大きな変化や混乱をもたらさなかった。

変化したのはナショナル・カリキュラムだ。それまで明確に定められていなかった就学前学級の教育目標や学習内容が記され、基礎学校3年生の学年末に設定されている到達目標を念頭に置いて、学習活動を行うことが明確になった。特に国語（スウェーデン語）は、基礎学校1年生の学年末に期待される到達レベルが示され、就学前学級からの評価や学習支援が必要になった。就学前学級には、基礎学校の教育目標到達度の向上に寄与することが明確に期待されているのである。

これまで、就学前学級の教育は担任教師の努力や工夫によるところが大きく、他の学年との連携が少ないという批判もあった。義務化の後に状況はどう変わっていくだろうか。

［本所　恵］

6 子ども視点の幼小連携

子どもの声を重視

スウェーデンでは伝統的に子どもの権利への関心が高い。幼小連携においても、子どもの視点に立った制度が構築されている。

プリスクールから就学前学級への幼小移行期には、それぞれの子どもについて要録が作成される。学校教育庁が提案する要録のフォーマットには、冒頭でまず子ども自身の意見を聞く欄が設けられている。「私／僕が好きなことは……」「私／僕が得意なことは……」「私／僕はこのことについて助けがほしい」「就学前学級に上がる前の私／僕の気持ち」といった項目だ。子どもたちの一人称で表されていることがわかる。保護者の意見、プリスクールの先生の意見や引き継ぎ事項を書く欄はそのあとに続く。

移民の子どもたちの声も

マルメ市は、学校教育庁のフォーマットにならって、自治体職員や、プリスクールおよび基礎学校の校長や教師らを交えた会議を経て、すべての子どもの声を尊重する幼小連携を進めてきた。

同市ではマイノリティの子どもたちへの配慮も重視されている。マルメ市の住民の２人に１人は外国の背景を持っており、社会統合が課題となっている。同市では、外国の背景をもつ子どもたちについて追加の要録が作成されている。そこでは、特別な配慮や支援の概要、それらが必要な場面、また、実施してきた支援とその効果などを、プリスクールの教師が書く。子どもの母国語やスウェーデン語のレベルなども基礎学校へ伝える。

ウプサラ市のあるプリスクールでは、子どもがスウェーデン語の質問をまだ理解できない場合、子どもの意見の欄は空欄にしておくという。また、その子の母国語を話せる先生がいる場合は、通訳をしてもらう。ある先生は、空欄にすることも含めて、その子ども自身の声を尊重することは、「プリスクールの先生が書いた文章によって、新しい先生が子どもについての先入観を持ってしまわないようにする」という意味でメリットがあると感じているという。

なお、同様の理由で、１～３歳児担当の先生が作成する要録は、就学前学級の先生は見ることができない。

マルメ市の多言語によるプリスクール紹介サイト。外国の背景をもつ先生も多く登場する。
(提供：マルメ市)

子どもの視点重視のルーツと現在

スウェーデンでは、子どもの視点に立つことが幼児教育の理念として組み込まれている。1998年に初めて公布されたプリスクールのナショナル・カリキュラムでは、意見や考えを表現する能力を育てることや、決定に参加する機会を保障することなどが謳われている。

背景には、1970年代から民主主義の価値観を重視する保育を展開してきたことや、国連の子どもの権利条約をいち早く批准した歴史がある。2020年には、子どもの権利が国内で法制化された。

イタリアのレッジョ・エミリア市の幼児教育アプローチの影響も大きい。ストックホルム大学の幼児教育研究者を中心に1993年に開始された「ストックホルム・プロジェクト」では、「有能な子ども」という子ども観に立脚したレッジョ・エミリアの教育学が受容された。

民主主義に基づくスウェーデンの子ども観、レッジョ・エミリアの有能な子ども観、そして参加や意見表明といった子どもの権利条約の子ども観が融合し、子どもの視点に立つことを理念とするナショナル・カリキュラムにつながっている。

現在、移民や難民の子どもたちへの対応はスウェーデン全国で課題となっている。マイノリティの子どもたちへの配慮は、すべての子どもの視点を尊重するという意味で幼小移行期においても重要な課題だ。自治体やプリスクールの先生たちは、日々、さまざまな工夫をしている。

［矢崎桂一郎・中田麗子］

7 教員不足にあえぐスウェーデン

大量退職時代の到来

スウェーデンは深刻な教員不足にあえいでいる。資格を持った教員を雇えない自治体が続出し、教師不在のまま新学期を迎えた学校も多い。

今までも景気の浮沈に伴って過不足が生じていたが、現在の状況はこれまでに経験したことのない深刻さだ。中央統計局によると、2016年時点ですでに全国で約6万4700人の教員が不足していたが、今後10年間でさらに約4万5000人が定年退職を迎えるため、新規採用者と相殺しても2035年には約7万9000人が足りなくなる見込みだ。大学入学者の6人に1人にあたる約1万8000人を教員養成課程で受け入れているが、この数をさらに8000人増やさないと間に合

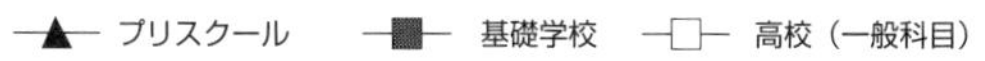

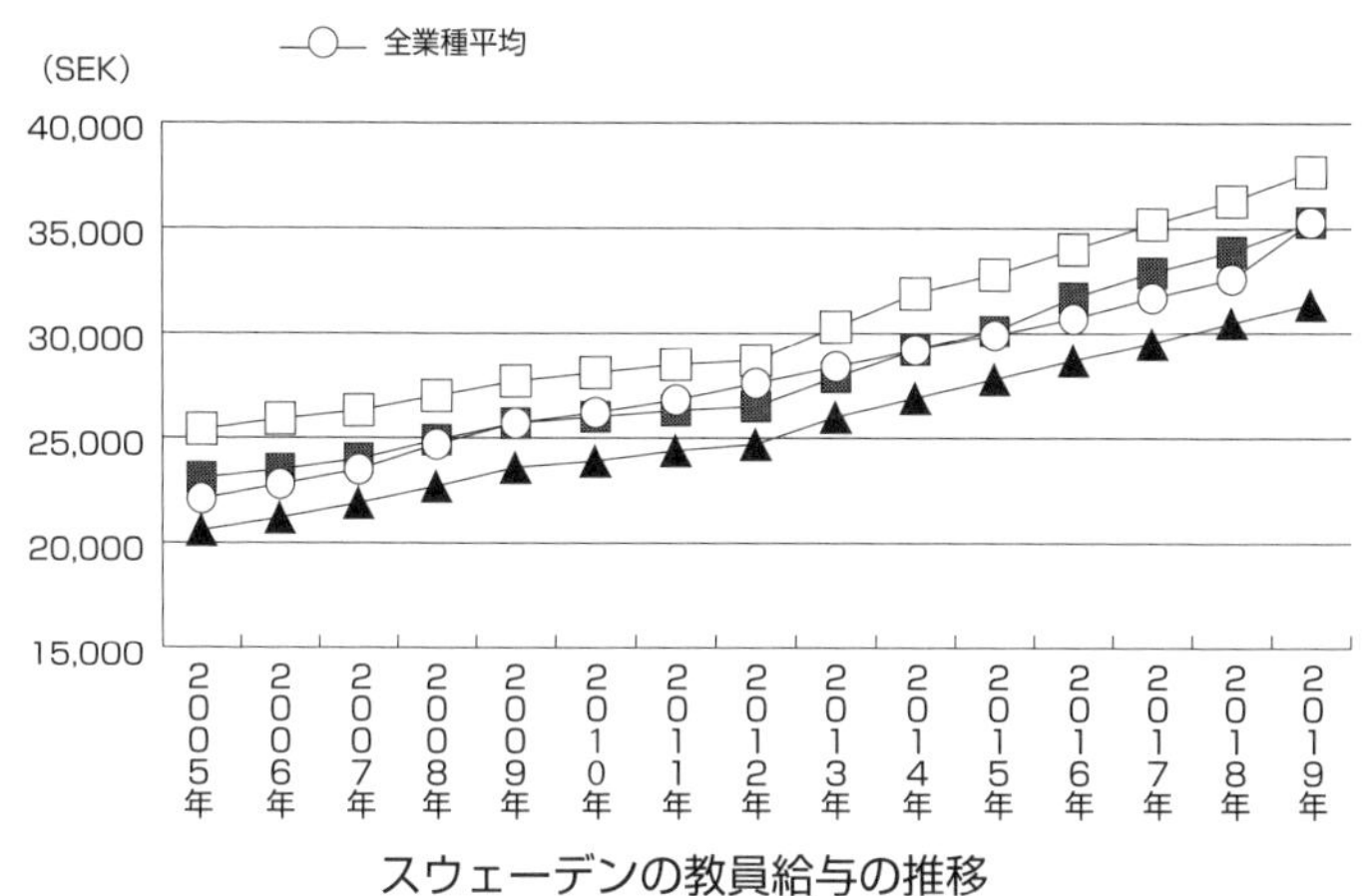

スウェーデンの教員給与の推移

出典：中央統計局のデータを基に筆者作成

わないペースだ。

地方格差

スウェーデンの教員は学校長と面談して採用される。公立学校の教員は、かつては国家公務員だったが、１９９０年代の分権化改革によって地方公務員に変更された。学校に雇われた市の職員という扱いになり、定期異動はない。

そのため、都市部で人気のある落ち着いた学校と、それ以外の学校とで採用に大きな偏りが生じていて、北部ヨックモック市などでは、資格を持った教員が雇えない事態になっている。

全国の教員給与月額の平均はプリスクールで約33万円、基礎学校で約38万円、高校で約40万円となっている。図にあるように、教員給与は上がり続けているが、同時に他の業種の給与も上がっているため、優位性がない。教員給与の地域差は大きく、首都ストックホルムと田舎の町では1割以上の開きがある。

教員資格認証制度の導入

スウェーデンでは最近まで、大学で教育に関する授業を受けた人は誰でも教壇に立つことができた。しかし、教員組合が教職の専門職化と待遇改善を狙ったキャンペーンを展開した結果、2011年に教員資格認証制度が導入された。これにより、資格を持たない教員は単年度でしか契約できず、担当生徒の成績をつけることさえ許されなくなった。教員組合のもくろみでは、資格を設けることで教員養成課程の入学希望者を増やし、質を高めるとともに、資格を持った教員がほかの職に流れるのを防げると考えていた。

しかし、同制度による待遇改善への寄与は限定的で、かえって教員不足に拍車をかけているように見える。教員養成課程を持つ大学には新入生の受け入れ圧力がかかっているが、教育実習先や指導者を確保することを考えると、容易に定員を増やすことはできない。

また、教職を去った人を対象にした大規模アンケート調査では、10人に7人がストレスや仕事量の多さなどの労働環境を離職理由に挙げた。これに次いで、半数が給与や労働時間などの労働条件を挙げた。ほかの職種に興味がわいたという前向きなキャリア選択は4割程度にとどまり、多くの人が教育職に魅力を感じながらも、やむなく離職したことが推測される。

管理職も不足

さらに深刻なことに、教員を励ます立場にある管理職のなり手も不足している。最近では複数の学校を1人の校長がまとめて担当することが一般的になっており、校長が学期途中に退職し、補充がないまま新年度を迎える学校や、1年で3回も校長が代わる学校もある。

校長は教員の確保に明け暮れ、在職中の教員とは限られた予算の中で給与交渉をしなければならない。教員にとっては多くの場合、今の学校にとどまるよりも他校に転職した方が条件交渉を有利にできる。そのため、校長は優秀な教員にとどまってもらうために、自分よりも高い給与を提示することもある。

その上、学校の責任者としてマネジメントやリーダーシップが要求され、日々のトラブル対応で疲弊している。管理職のストレスは並のものではないが、雇用者側でもあるために世論に訴えることもできない。

教員不足は世界的な課題

教員不足は世界的な課題で、全世界で6900万人の教員が足りないという。教員の高齢化は各国で進行していて、多くの国がじきに大量退職時代を迎える。

一方で、教師に期待される役割はますます増えている。学校への要望が多様になり、事務作業が増え、心理的負担が重くなっていて、「やりがいはあるが、やりたくはない」仕事になりつつある。

教員の社会的地位が高いといわれてきた日本にも、この波は押し寄せている。他国の対応から学び、早めに手だてを講じる必要があるだろう。

［林　寛平］

8 宿題ポリシー

生徒の「学習生産性」は世界トップクラス

ＯＥＣＤ生徒の学習到達度調査（ＰＩＳＡ）によると、スウェーデンは学校外学習の時間が短い国のひとつで、さらに総学習時間に対する点数が高いという特徴がある。少ない時間で成果を上げる仕組みはどのように説明できるのか、教員の働き方と「宿題ポリシー」から考えてみたい。

日本の小・中学校では年間２００日程度にわたって授業が行われているが、スウェーデンの授業日数は年間１９０日と定められている。この１９０日には12日以上の休日と5日以内の職員研修日（生徒はお休み）が含まれているため、子どもたちが実際に通学する日数はさらに少ない。学校教育法には「１日の就学時間は最大8時間、ただし就学前学級（0年生）と1～2年生は6時間まで」と定められている。これは、学校に長時間拘束することは、子どもの健全な発達によくないという考えが反映されている。

教員の働き方

少ない授業日数は教員給与の構造からも説明できる。校長は教員と個別面談を行い、毎年の給与を決定している。教員間の条件の開きは大きく、校長より高い給料を受け取る教員もいる。校長は慢性的な教員不足の中で、市から与えられた予算内で上手に采配する必要がある。

労働法に定められた労働時間は週40時間以内となっている。しかし、教員の場合は週35時間の業務時間と10時間以内の裁量時間とに分けて契約することが多い。校長は裁量時間の10時間については業務の指示ができない。一方、教員はこの時間を組織の目的達成のために使わなければならず、事後に校長に報告する必要がある。このような雇用形態の教員たちは、学期中に多く働く分、夏休みなどの休暇が長く、年間では週40時間に収まるように設計されている。

もちろん、契約時間を超えて、家に持ち帰って残業をする教員もいる。しかし、命令外の業務のため時間外手当は支払われない。また、校長には労働時間を管理する法的な義務があるため、時間外勤務が奨励されることはない。

働き方のもうひとつの特徴は、校長と面談する際に、週40時間をどの業務に割り当てるかを明確にしている点だ。たとえば、学年主任の場合、週当たり1日分は学校運営の会議に参加する必要があるため、授業担当は80％（4日分）、校内分掌は20％（1日分）と割り当てる。パーセントによる徹底した時間管理は、一部の優秀な教員に負荷が偏ることを防ぐとともに、限りあるリソースを有効に配分するために欠かせない仕組みになっている。

教員は限りある自分の時間を学校に売っているという意識があり、校長も無駄な仕事はコストとして学校経営に直接跳ね返るため、双方に時間管理意識が非常に強い。そのため、おのずと授業時数の管理も厳格にならざるを得ない。

宿題ポリシー

教員の徹底した時間管理意識は、子どもたちの学習時間にも及んでいる。多くの学校では生徒にスケジュール帳を持たせたり、オンラインのスケジュール機能を提供したりして、生徒に学習計画を立てさせている。授業は個別化されていることが多く、生徒は小さいうちから課題の提出期限を守るように指導される。

学校での学習時間を締め付けると、「残ったら宿題ね」と家庭に押し出されることが想定される。ところが、スウェーデンでは学校と家庭がはっきり線引きされていて、この一線を越えると保護者から強い反発が起きる。宿題が授業の一環であれば、学校にいる間にやるべきで、家庭に押し付けるべきではない、と考える親がかなりいる。

これに対する教員側からの反撃もある。学力調査で宿題が成績を向上させるという分析結果が出たことなどを引き合いに出して、「定期的な宿題は基礎学力の定着に有効であると科学的に示されている」という根拠で、学校が「宿題ポリシー」を策定する事例が増えている。

ある学校の「宿題ポリシー」には、「最初の保護者会で、どのような宿題がどの程度の分量で与えられるか、そして保護者がどのように子どもを援助できるかについて教員が説明します」「宿題は学年で統一のものを出しますが、ニーズに応じて個別に対応します」「教師は生徒に宿題のフィードバックをします」「学校は宿題を補助するアシスタントを雇い、生徒が宿題をする時間を確保します」といった方針が並んでいる。

学校教育庁も宿題に関するガイドラインを示している。そこでは、宿題に関する法令はないものの、宿題を授業の一環として出す場合には教員と校長に決定権があると記している。その上で、宿題を出す場合には少なくとも①課題の準備、②説明、③フォローアップの3点を踏まえる必要があるとして、適切な宿題を設定するためのチェックリストを用意している。学校教育庁の見解では、宿題は教師が行う授業の代替にはならず、あくまでも生徒の学習権を保障する手段として目的を明確にし、効果的に用いることが望ましいとしている。

このようなポリシーやガイドラインの制約を考えると、教員は宿題を出すよりも、授業の中で集中して学ばせる方が、面倒が少ないという状況になっている。こうして、教員も生徒も限られた時間の中で、必要な内容を習得するという「学習生産性」が生まれている。

［林　寛平］

9 全員がリーダーシップをとる学校

特徴は「シェアド・リーダーシップ」

「リーダーシップ」という言葉は、現在、ビジネスだけではなく学校組織でも盛んに議論されている。誰が学校のリーダーシップを取るのか、誰が学校を作っていくのか。自律性の高いフィンランドの学校組織はメンバーがさまざまな方法でリーダーシップを発揮しているが、その特徴はシェアド（共有型）リーダーシップだ。

学校組織におけるリーダーといえば、まず思い浮かぶのは校長、副校長などの管理職である。一方、リーダーシップとは、組織メンバーが目標に向けた活動を行うことへの影響力自体を指す。つまり、リーダーシップとは必ずしも管理職だけのものではないのである。フィンランドでは、全員がリーダーシップを発揮していることが特徴だ。

生徒もリーダーシップを発揮

フィンランドが経済的競争力や教育力で国際的に優位な理由として、教員養成が充実していることや教師の自律性が高いことが挙げられる。自律性とはその名の通り、自ら決められる、ということだ。教育の質は教師に委ねられている。学校の目標である生徒の学びのために、教師は自身の影響力(リーダーシップ)を発揮し、チーム・ティーチングなどを通して相互に影響を与えている。個々の教師が学校のリーダーシップ形成に大きく関わっているといえよう。

さらに、クラス担任だけではなく、専科教員、特別支援教員、事務員、スクールカウンセラーなども、それぞれの強みを活かし、相互に影響し合うことが望まれている。最近では、生徒も学校組織の意思決定に積極的に参加させるなど、リーダーシップを発揮する主体として考えられてきている。

校長の役割

管理職に求められる役割は、組織の方向性を決めた上で、学校のメンバーが力を十分に発揮できるように環境を整えることである。学校のメンバーの自発的な創造性や主体性を伸ばすことが、組織や生徒の利益になると考えられているからだ。

このような中で、旧来の「何でも知っていて、何でもできるリーダー」というヒーロー型のリーダー観が変化し、「メンバーをサポートし、メンバーの強みを活かす」新たなリーダー観が浸透してきている。この流れに呼応するように、30代、40代の若い世代が積極的に管理職に手を上げ始めている。ある学校では、校内で一番若い30代の教師が校長になり、ICTの知識を生かして、学校のICT環境整備を劇的に推進したという。

フィンランドの学校の職員室。コミュニケーションを目的としたスペースがメイン。（撮影：矢田匠）

フィンランドの校長には原則任期がなく、異動もない。つまり、多くの校長がある程度長い期間、その学校の校長としての職に就く。そのため、教師や生徒、スタッフなどとの人間関係を長期的視点から形成する必要がある。

現職校長が退任する場合、そのポストは公募され、自治体などの学校運営者が選考する。内部の教師が応募する場合もあるし、外部から応募がある場合もある。ある学校では、校長が1年間の研究休暇を取っていた間に代理で校長をしていた教師が、校長が戻って来た後も校長を続けることになった。これは代理校長が30代と若く、世代交代が望まれたという側面もあるが、前校長がもう一度クラス担任をやりたいと希望したという事情もあムーズに起こりやすい。フィンランドでは、リーダーもメンバーも平等だという意識があるので、このような人事がスムーズに起こりやすい。

日本にあうリーダーシップとは？

日本では、トップダウン・ボトムアップ型のマネジメントが一般的に受け入れられやすいといわれる。また、トップダウン・ボトムアップ型の組織には、ヒーロー型の強い個人のリーダーが当てはまると思われがちである。

しかし、共有型のリーダーシップが、トップダウン・ボトムアップ型の組織構造と共存できないわけではない。フィンランドでも、最終的な決定権は校長にあり、校内には各種分科会のリーダーから構成されるリーダーシップチームも存在する。一面では、トップダウン・ボトムアップ型の組織が機能しているともいえるのだ。

日本の学校でシェアド・リーダーシップを構想するとしたら、どのようになるだろうか。フィンランドの事例をヒントに、考えてみたい。

［矢田　匠］

10 研究も実習も重視する教員養成

大学の授業は議論が前提

フィンランドの大学の教員養成課程で授業をさせてもらった経験がある。そのときの印象的なエピソードを紹介したい。

資料を投影しながら説明する私の講義が40分を過ぎた頃、学生たちから「そろそろ議論の時間にしてほしい」と要求されたのだ。資料は自分1人の時に読めるので、教室にみんなが集まっている時間は議論したいというのだ。子ども時代からの学習経験が生きているのかも知れないが、教職課程の授業そのものが、教職に就いてからの指導のあり方を体験的に学ぶ機会になっているように思えた。

フィンランドでは、厳しい選抜を通ってきた学生同士が学び合い、修士レベルまでの教員養成が行われている。教員養成カリキュラムにおいてはリサーチベースの教育学的思考が重視され、参加型の授業や協働で学び合う授業が中心のため、講義を聴くだけの授業はほとんどない。冒頭のエピソードにはこのような背景があった。

教職が人気なフィンランド

従来、フィンランドの教員養成は師範学校で行われていたが、1970年代に大学で養成されることになり、修了者の学位を「修士」とすることが定められた。大学院まで学費無料という条件がそれを可能にしたといえる。それ以来、教育学や教育心理学を中核とした研究方法と、教科内容に関する知識レベルを向上させることに主眼が置かれ、「研究を基盤とする教員養成」という方針がカリキュラムに反映された。また、1990年代には教育実習を中心とする実践的な側面が強化され、2000年代以降は「自律」「協働」「省察」を重視した教員養成が行われている。

フィンランドでは教職が人気で、医学部と並んで入学がきわめて「狭き門」となっている。これはヨーロッパの中でも異例だ。教職を志す者は、指定された複数科目の大学入学資格試験を受けた後、高倍率の教員養成学部受験を経て、修士号取得まで5年間以上の学修を積む。

学級担任教員養成コースに入るには、学力試験だけでなく、教職への意欲や社会性に関わる適正検査にも合格しなければならない。教科担当教員の資格を得るためには、教科の専門分野の修士号を取得しつつ、教職課程を追加で選択し、教育実習を含む教職専門科目を履修して教職を目指す。理学部や人文学部等の専門分野で学ぶ学生は、通常入学初年度に教職科目の履修を決める。彼らの多くは、学校に関わるボランティアなどの経験を積む努力もしている。そのことが教職課程を履修する際の審査や、卒業後の教員採用選考において考慮されるからである。

チーム・ティーチングの様子（撮影：伏木久始）

理論と実践の融合

フィンランドの教員養成課程では、教育実習はきわめて重視されている。実習は通常3段階に分かれている。まず、導入的な実習経験によって、子どもや教育環境に関する知識を学び、次に特定の教科に限定した教授法のスキルなどを集中して学ぶ実習を行う。最後に、総合的に指導理論を実践に適応させた実習を経験する。

実習生は、必ずしも朝から夕方まで配属校に居るわけではない。最低限の観察実習と授業実習のノルマを果たし、実習生同士のグループワークをきちんとこなす必要はあるが、実習期間中にも図書館などで調べものをしたり、大学の授業に参加したりできる。研究を基盤とする教員養成という方針が教育実習のあり方にも反映されている。

フィンランドの教員養成は、理論と実践を融合して問題解決を図る専門家を育成する場とされている。教育現場での問題を研究者として追究し、自ら思考するための知識とスキルを高めながら、長期間におよぶ教育実習を通して学ぶ。その姿勢が、カリキュラムや授業、実習の構成や学生の価値観に明確に反映されていると感じた。

［伏木久始］

11 フィーカと授業研究

プライベート空間だった教室

スウェーデンで初めて授業研究が行われたのは2012年のことだ。ナッカ市の基礎学校で行われた公開授業には、近隣の教員だけでなく、学校教育庁の職員や教育学者など200人あまりが会場を埋め、メディアでも大きく取り上げられた。それ以来、授業研究は全国の学校にじわじわと広まっている。最近では、現職研修や教員養成で授業研究の意義や方法を教わる機会も増えている。

かつてスウェーデンの学校は、中央集権的に管理されていた。県が人事権を持っていて、教員数や担当学級は規則によって厳格に決められ、学校の事情にかかわらず生徒数に応じて機械的に配置された。へき地の小規模校でも、都会の困難校でも、どこでも同じルールが適用されたのである。

学校の中で他教科の先生を融通したり、他の教室の補助に入ったりすることはできなかった。このため、教室に教師は1人という形式が定着し、隣の教室との心理的な壁は厚かった。同僚の授業を見学したり、お互いにコメントし合ったりする機会はほとんどなかった。

協働を妨げる要因は校舎の構造にもあった。平屋の学校の多くは、各教室に玄関が設けられていて、子どもも教員も外から教室に直接入る（2015年に起きた学校襲撃事件以降は、警備上の理由から昇降口をまとめる学校が増えてきた）。

教師は出勤すると外から直接教室に入って、日中、他の教員と顔を合わせる機会もなく、授業が終わると教室から帰る、という働き方ができてしまう。そもそも、そのような働き方を想定して校舎が建てられていたのだ。教師にとって教室はプライベートな空間で、他人が立ち入るべきではない、という考えが根強くあった。

規制緩和と学校開発活動

規則による統制を続けるうち、個別の事情に対応するために、細かなルールがたくさん作られていった。1970年代後半になると、ルールにがんじがらめにされた学校現場が悲鳴を上げた。

折しも、校内暴力などの「教室の荒れ」が問題になり、臨機応変の対応が求められた時期だった。

そこで、地域や子どもたちの実態に応じて柔軟に対応できるように、規制緩和を求める動きが活発になった。

１９８０年代頃から、学校内の仕組みや教え方の改善を目指して「学校開発」という言葉が頻繁に使われるようになった。学校開発の焦点は昨今の日本で話題の「働き方改革」に近く、どのようにルールや仕組みを見直し、学校を効果的に運営できるか、という点に主眼が置かれている。このころ、チーム・ティーチングや複数担任制も盛んに導入された。

伝統的な学校では教員のマイカップの並びにも序列があるとか（撮影：林寛平）

フィーカと授業研究

ところで、スウェーデンの学校には、仕事部屋としての職員室（日本の準備室のような雰囲気）とは別に、コーヒールームが設けられている。

スウェーデンには「フィーカ」と呼ばれるコーヒータイムがあって、どの職場でも休み時間になるとコーヒーや紅茶を飲みながらくつろぐ習慣がある。多くの学校では午前と午後に1回ずつ、手がすいた教員が三々五々集まってきてフィーカに加わる。

「大事なことは全部フィーカで決まる」とまでいわれ、フィーカにしばらく顔を出さない教員がいると、管理職は個別に声をかけて輪に加わるように促すこともある。

チーム・ティーチングを取り入れた学校ではフィーカが重要な役割を果たしてきた。教員の転職が多いスウェーデンの学校では、「コーヒールームの雰囲気が良かったので、この学校に決めた」という教員を見かけることも多く、コミュニケーションの核になっている。

しかし、フィーカはソーシャルな場であり、込み入った仕事の話はできるだけしないという不文律があった。そのため、授業の計画などをコーヒールームで相談することは避ける風潮があり、授業研究のような話題はなかなかしづらい状況があった。

日本モデルの授業研究

とはいえ、フィーカの伝統や、学校開発の取り組みが授業研究ブームの素地(そじ)を作ったのは確かだろう。

2010年ごろに教育学者が日本の授業研究の意義を見いだし、スウェーデンに紹介すると、授業研究への関心が一気に高まった。2012年に東京大学で開催された世界授業研究学会(WALS)には、スウェーデンから教員団が来日し、茅ケ崎市立浜之郷小学校などの公開研究会に参加した。

この教員団が帰国後にスウェーデンで初めての授業研究を公開したのだ。全国放送のニュースでは、「日本では100年以上前から、研究者や教師が一緒になって授業を検討し、子どもの学びを向上させる取り組みをしています」と紹介された。

スウェーデンではこの10年ほど、学力低下と教員不足を背景に、教員の資質向上への投資が続けられている。教員給与も年々上昇し、研修の機会も増えてきた。かつては誰でも教壇に立てたが、教員資格認証制度をつくり、認証された教師しか成績をつけられなくなった。

また、ファースト・ティーチャーと呼ばれる上級教諭制度も導入し、特に指導力の高い教員に管理職並みの待遇を与え、他の教師の指導的立場を担わせるようにした。これら一連の施策の中で、授業研究は各教師の資質や能力を高めるだけでなく、教職の専門性を高めるものとして、研究者や教員、職能団体や行政から評価されている。

［林　寛平］

12 スウェーデン人が見た日本の算数

みんなで考える問題解決学習

スウェーデンで初めて授業研究を行った教員団が、２０１９年６月に来日した。視察目的は算数の授業の進め方について学ぶことだった。スウェーデンの教員は、日本の教室で何を見たのか。

視察の初日には、算数・数学教育を専門とする茅野公穂教授（信州大学教職大学院）から講義を受けた。

日本の教室では、学級全体で取り組む課題解決型の授業が行われている。学習の個別化が進む欧米の学校ではなかなか見られない光景だ。日本の典型的な授業では、前時のおさらいをしたのち、本時の学習課題が提示され、まずは児童が個別あるいはグループで課題解決に取り組む。その後、黒板の前でそれぞれの意見を発表したり、小さなホワイトボードを使って考えを説明したりして解決方法を議論する。

授業のハイライトは、それぞれの考え方をすり合わせながら、要点を強調したり本時の課題をより一般的な事象の理解に結びつけたりする「まとめ」や「振り返り」のパートだ。授業後には、本時の流れに沿って整理された板書がアートワークのように残され、そこには学級の子どもたちの名前が誇らしげに記されている。

個人、グループ、学級全体、そして数学の一般原理へとつながる精緻なプロセスは、日本の教室で100年以上にわたって磨かれてきた珠玉の英知に支えられている。

全国的に組織された授業システム

今回の視察では、長野と東京の四つの学校を訪れ、算数や数学の授業を参観した。どの学校でも、先に茅野教授が説明した典型的な授業が展開されていた。全国の教室で同じように授業を進める光景は、それぞれの教師が自己流で授業を進めるスウェーデンでは考えられない。

視察の最後に訪れた教科書出版社で、こうした授業の根底にある仕組みについてのヒントがあった。日本の教科書は授業の流れを想定して作られている。当たり前のようだが、海外ではそうではない。

スウェーデンの教科書は説明と練習問題で構成されていて、受験参考書のような作りになってい

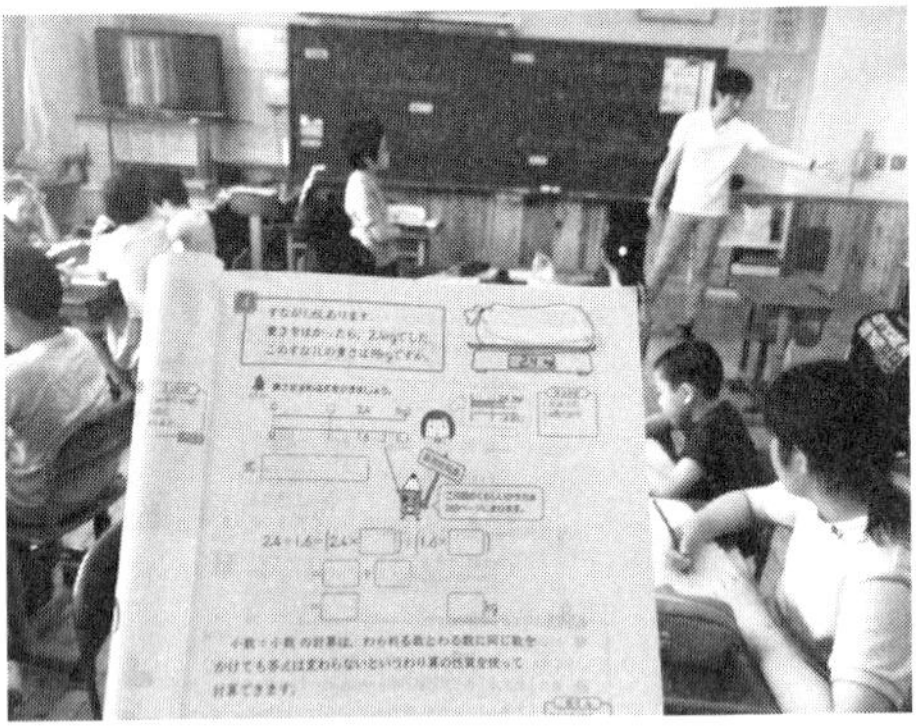

授業の流れに沿って作られた日本の教科書。長野県の小学校にて（撮影：林寛平）

る。それに対して、日本の教科書は、授業の流れに沿って記述され、導入や展開が丁寧に扱われている。また、多様な思考のプロセスを提示しているのが特徴だ。

スウェーデンの先生たちが注目したのは、児童のキャラクターが吹き出しで多様な考え方を示している点だ。時には、キャラクターが数学的に誤った考え方をいう場面もある。これに先生のキャラクターがまるで紙面上で授業をしているかのように応答している。

教科書会社の編集者は、「授業の流れに沿って構成することで、算数が専門でない先生方にも授業をイメージしやすくしている」と意図を説明した。スウェーデンの教科書のように、正しい解法が直線的に示されているものとは、まったく異なるアプローチだ。

教科書が学者だけでなく、教員の参画も得て編集されている点も特徴的だ。検定を通った質の高い教科書が全国で用いられている。これに授業研究のネットワークが機能的に組織され、広域人事異動でさまざまな同僚と出会うことで授業のノウハウが蓄積され、共有される。そしてその創意工夫が教材づくりにさらにフィードバックされ、教材の質が高められていく。全国の教室を巻き込んだ壮大なシステムだ。

教師の力量

一方で、各教室の実践が画一的かといえば、そうではない。たとえば東京都葛飾区の小学校では、「分数÷分数の計算の仕方を考えよう」という単元で、スウェーデンの国旗を学習材として用いていた。教科書には国旗のことなど全く扱われていないが、教師がスウェーデン人の来訪に合わせてオリジナルに教材開発したものだ。

自分の考えを説明する児童。学習材はスウェーデン国旗。東京の小学校にて（撮影：林寛平）

ふと見ると、教室の後ろには「令和」と書かれた墨書が貼られていた。子どもたちは「官房長官ごっこ」をしたのだろう。教師が日ごろからアンテナを高く張り、子どもたちとの対話を通じて授業づくりに取り組んでいる様子がよく分かった。

良い教材に依存すると、教師の力量を落とし、授業が作業のようになってしまうという懸念もある。しかし、日本では優れた教材は教師を育てるという信念があるように思える。

スウェーデンの先生たちは、日本の教科書を大量に買って帰国した。これから、子どもたちの考え方やプロセスをより重視した授業を作っていくために、教材研究をするという。

しかし、学んだのは彼女たちだけではない。訪問を受けた側もまた、スウェーデンの先生たちの目を通して、日本の算数授業の特徴やそれを支える仕組みについて、改めて気づかされた。

［林　寛平］

第5章

光と影

北欧の人々にとって、光はとりわけ重要なシンボルだ。白夜の頃、沈まぬ太陽は地平線を這うようにして私たちの周りをまわる。目線の高さから差し込む光は、湖面をきらきらと照らし、夢の世界にいるような感覚にさせる。その光は長い影を作る。やがて季節が移ろうとその影は短く薄くなり、極夜に溶け込んでいく。暗い冬の闇には、人々は窓際のろうそくに火をともし、オーロラのほのかな光に神秘を感じながら、寒さを耐えしのぶ。明暗極端なこの暦が共同体の連帯意識を強くしているともいわれる。

光あるところに影あり。その影は、もしかすると私たちの欲望の影かもしれない。クリーンなイメージがある北欧でも、さまざまな立場の思惑が交錯し、時にひどいスキャンダルを生むことがある。

[林　寛平]

1 スーパーティーチャーの影

スーパーティーチャーが成績を上げた？

スウェーデン公共放送（SVT）で2008年から放送されたドキュメンタリー番組「Klass 9A（9年A組）」では、全国から選ばれた8人の優秀な教員をスウェーデンで最も成績が悪い学校に送り込んだ。日本の中学3年生に相当する9年A組に「スーパーティーチャー」を配置し、B組は普通の教員を配置して、半年間の比較実験を行った。

A組の学級目標は「スウェーデンで3番以内の成績を取る」ことだった。8人のスーパーティーチャーは生徒とともに奮闘し、学期末までに成績は飛躍的に向上した。番組は高い視聴率を記録し、賛否両論の活発な議論を巻き起こした。

ロウカの不正を報じるウェブ記事（左）とシリーズのDVD（右）（撮影：林寛平）

スキャンダルまみれのシーズン2

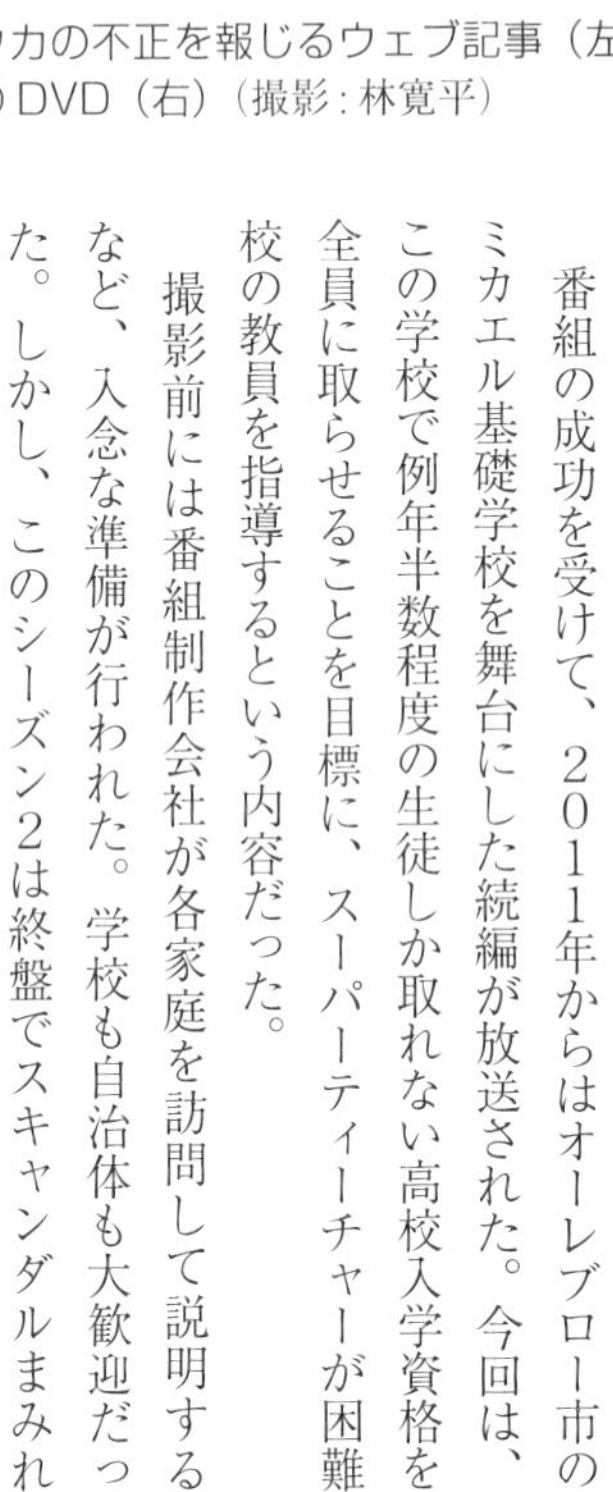

番組の成功を受けて、2011年からはオーレブロー市のミカエル基礎学校を舞台にした続編が放送された。今回は、この学校で例年半数程度の生徒しか取れない高校入学資格を全員に取らせることを目標に、スーパーティーチャーが困難校の教員を指導するという内容だった。

撮影前には番組制作会社が各家庭を訪問して説明するなど、入念な準備が行われた。学校も自治体も大歓迎だった。しかし、このシーズン2は終盤でスキャンダルまみれの展開となった。ナショナル・テストの数学の問題が授業で教わった内容と同じだったと生徒が告発したのだ。

数学を担当するスタヴロス・ロウカはキプロスからの移民で、受賞歴もある優秀な教員だった。ロウカはシーズン1に抜擢されて有名になった後も、討論番組などでメディアに登場し、よく知られる存在になっていた。彼は不正疑惑が報じられると、テスト問題は事前には知りえないし、これまでの経験から問題の傾向はある程度予想できたと反論して不正を否定した。

これに対して、学校教育庁は不正があったとの認識を示し、校長もテストをやり直す必要があると述べた。一方で、市は後の調査でテストはカギのかかる校長室に保管されており、教師は事前に問題を見ることができず、不正はないと結論付けた。結局、A組は再テストを行ったが、結果は1回目に比べて成績が若干悪化した程度だった。

スキャンダルから何を学ぶか

北欧は教育の先進地域というイメージがあるが、国際学力調査でのスウェーデンの成績は悪い。特に移民の子どもや男子生徒の成績が振るわず、長年の課題となっている。また、好景気を満喫しているスウェーデンでは、待遇のわりにストレスの多い教職は人気がなく、常に人材不足に悩んできた。教員は学校ごとの採用になるため、少しでも条件のよい学校に移ろうとする。そのため、教員が定着しない困難校では優秀な人材の確保が難しくなり、荒れ放題になっているところもある。

「Ｋｌａｓｓ ９Ａ」では、不利な条件に置かれた子どもたちの生活をありのままに映し、劣悪な環境で奮闘する教師たちにフォーカスすることで、批判に晒される学校現場への理解を広めた。一方で、不正疑惑が報じられたことで、後味の悪い展開になってしまった。スーパーティーチャーは成績を上げたが、ミカエル基礎学校の評判は落ち、生徒が集まらなくなったため、２０１３年には校名変更と管理職総入れ替えをする事態になった。

［林　寛平］

2 インターネットで学校が買える

学校がオークションサイトで売られる

２０１２年初頭、大手オークションサイトであるブロッケット（Blocket）に学校の設置許可証が出品されて話題になった。

ブロッケットはいわば「売ります・買います掲示板」といった作りのウェブサイトで、引っ越しでいらなくなった家具や食器、子ども服や中古車など、さまざまなものが出品されている。スウェーデンでは物価が高いことや環境保護マインドが浸透していることなどが手伝って、不用品を融通し合うことが多く、ブロッケットは市民に広く利用されている。

そのサイトに、６年生から９年生（日本の小学６年生から中学３年生に相当）１８０人が通う予定の、マルメ市内の自立学校（運営費の大半が公費で賄われる私立学校）の設置許可証が売りに出されていたのだ。

この学校は株式会社によって設置申請が出され、２０１０年には学校監査庁から設置許可が出ていた。学校監査庁は、「法律の『抜け穴』があった。このような事態は初めてだが、違法とはいえない」として、許可証を買った人は誰でも学校運営権を手に入れられることを認めた。教育大臣は、会社に許可を与えるのではなく会社の所有者に許可を与えるように法改正を行い、このような事態が起こらないよう対処したいと述べた。

２０１７年2月には、ストックホルム近郊のエーケロー市がサンドゥッデン基礎学校をブロッケットに売りに出して、再びメディアの関心をひいた。出品広告には、市議会が3月7日に売却先を決定することや、穏健党議員の実名など、かなり具体的な内容が記されていた。しかし3日後には、これがフェイクニュースであることが判明し、批判記事が掲載された。この出品は、何者かが問題提起のために起こした政治的なアクションだったとみられている。

市場化が進む学校経営

学校経営をめぐるスキャンダルはたびたび起きている。ストックホルム郊外の公立学校では、校長が自分の学校を自分の会社に売り、自立学校に転換して「乗っ取る」という事態があった。この契約には市議会の議決が必要だが、右派が多数を占める議会では「小さな政府」を目指して、公的機関を市場化する動きが活発にみられる。

スウェーデンでは、生徒1人当たり100万円程度の補助金（skolpeng）を、学校に在籍する生徒数に応じて割り振る疑似バウチャー制度を採用する自治体が多く、うまくやりくりすることで継続的な利益が得られる。このため学校経営への企業参入が相次ぎ、複数のブランドを傘下に持つ巨大な学校チェーンが生まれている。

これらの自立学校には、成績を甘くつけたり、教員の数や質がそろっていなかったり、施設が基準を満たしていなかったりするケースが見られ、利益優先だと批判されることが多い。また、学校のM&A（合併と買収）が報じられると、生徒を「かた」にとって補助金を取引する「人身売買」だと揶揄（やゆ）される。

一方で、公立学校に対する不満は根強く、地域の学校を避けるようにして自立学校を選ぶ生徒や保護者も多くいる。

自立学校の倒産

スウェーデンの自立学校制度は、企業や宗教団体、保護者を含め、誰でも設置申請ができ、利益を得ることが認められている点に特徴がある。また、多くの自治体が疑似バウチャー制度と学校選択制を採用しており、ナショナル・テストの成績や学校監査の報告書、保護者アンケートの結果などがネット上に公開されていて、透明性の高い制度になっている。

公立学校の質に懸念を抱く自治体では、具体的な案件がないのにもかかわらず、市議会で意図的に自立学校招致の議論を起こし、公立学校に競争のプレッシャーを与えようとする動きもある。

一方で、自立学校が倒産した場合には公立学校が生徒を引き取ることになっている。学校チェーンのジョン・バウアー高校（JB高校）の事例では、2013年のある日、運営会社の倒産が突然発表され、全国の30校で1万人以上の生徒が「路頭に迷う」ことになり、地域の公立学校では大きな混乱がしばらく続いた。

旧JB高校の建物には別の学校が入居している（撮影：林寛平）

JB高校の倒産以前は、スウェーデンの自立学校は優れた制度として海外のメディアでも頻繁に紹介された。イングランドは特に熱心で、議会でも大きく取り上げられた。現在では一部のアフリカ諸国で開発支援の枠組みとして採用されている。

スウェーデンは実験国家だといわれるが、かつて社会主義大国として名のあった国とは思えないような、驚くべき事態が進行している。

［林　寛平］

3 エデュ・ツーリズムと視察公害

教育視察が街の一大産業に

世界の海外旅行者数は20年間で倍増していて、今後も増え続ける見通しだ。この波に乗じてエデュ・ツーリズム（Edu-Tourism）が拡大している。若者の外国旅行や語学留学、大学などへの留学、研修旅行が盛んになり、教育が新たな観光分野として注目を集めている。

教員の海外視察も増えている。北イタリアのレッジョ・エミリア市では、世界的に知られる幼児教育の現場を見ようと、連日多くの教育関係者が訪れている。いまや教育はこの街の一大産業になっている。２００６年にはロリス・マラグッチ国際センターを設置し、訪問者の受け入れ窓口を一元化した。同市では、教育に支障が出るという理由で、公立の乳幼児センターや幼児学校では見学者を受け入れていない。学校を訪問するには、レッジョ・チルドレンが主催する有料の研修に参加する必要がある。

PISAが生んだ「フィンランド詣で」

ＯＥＣＤ生徒の学習到達度調査（ＰＩＳＡ）が始まった２０００年以降は、成績上位国への視察が急増した。ヨーロッパの教育界では比較的目立たない存在だったフィンランドが一躍脚光を浴び、「フィンランド詣で」と揶揄されるほどに世界中から訪問者が押し寄せた。

フィンランドでは学校が大きな権限を持っていることから、訪問者は各学校に問い合わせた。殺到する視察者は教育現場に混乱をもたらし、日常業務にも支障が出るようになった。このため、一部自治体では学校間の取り決めを作り、訪問者の受け入れを制限するようになった。

受け入れ制限は、学校訪問を有料化する動きを生んだ。視察対応には訪問者が想像する以上にコストがかかるためだ。校長や教員が校内を案内している裏では、非常勤を雇って授業を進めている。視察希望の問い合わせへの返事や日程調整のために、追加の職員を雇っている学校もあ

海外視察は視野を広げる絶好の機会になる
（撮影：林寛平）

る。コーヒーや茶菓子の準備も必要で、給食が食べたいといえば食数を調整する必要があり、イレギュラーな対応にはかなりの手間がかかる。

教員の中には視察者の来訪を学習の機会と前向きにとらえて、英語の授業の一部として子どもたちに学校を案内させることもあるが、訪問が頻繁になるとこれも機能しなくなる。これらの問題を解決するために、実費分を訪問者に請求する学校が増えてきた。

観光資源としての教育

受け入れ制限は、一方で視察先をアレンジするビジネスを生んだ。インターネットで「Helsinki」「School Visit」と検索すると、外国からの訪問者を対象にした有料サービスが多数見つかる。

フィンランドでは2010年に政府が「教育の輸出」国家戦略を策定し、教育をノキアに代わる産業として育てる取り組みを行っており、エデュ・ツーリズムはその主要分野でもある。

ヘルシンキ大学附属学校が訪問や講義を有料にしたり、ユヴァスキュラ大学などがフィンランド式教育の研修を提供する会社を立ち上げたりしている。フィンランド国家教育委員会も学校訪問を有料でアレンジしている。

教員が外国の学校を訪問することは、新しい刺激を受けたり、日々の実践を振り返ったりする絶好の機会となる。それは訪問を受け入れる側にとっても同様で、交流は視野を広げたり、新しい可能性を生んだりする。

しかし、受け入れ体制が整っていない現場に訪問者が押し寄せると、意図せざる視察公害が起きてしまう。エデュ・ツーリズムが健全に発展するためには、関係者が納得するルール作りが欠かせない。そこでは、何よりも学習者の利益を最大限に尊重する姿勢が求められる。

［林　寛平］

4 おしゃれ家具の裏事情

インテリアへのこだわり

北欧の教室ではパステルカラーのソファやラグをよく見かける。いすや机の他に、バランスボールや足こぎペダルなども置いてあって、おしゃれでアットホームな雰囲気が感じられる。スウェーデン発祥のイケアを筆頭に、北欧は著名な家具メーカーやデザイナーを多数輩出している。シンプルで洗練されたフォルム、木材やファブリックなど自然を感じさせる素材、機能的でモダンな雰囲気といった特徴を持つ北欧家具は世界中で愛されている。

授業がかわると校舎もかわる

学校の家具も、最近は洗練されたデザインのものが増えてきている。背景を調べると、スウェーデンでは少なくとも三つの要因があることが分かった。

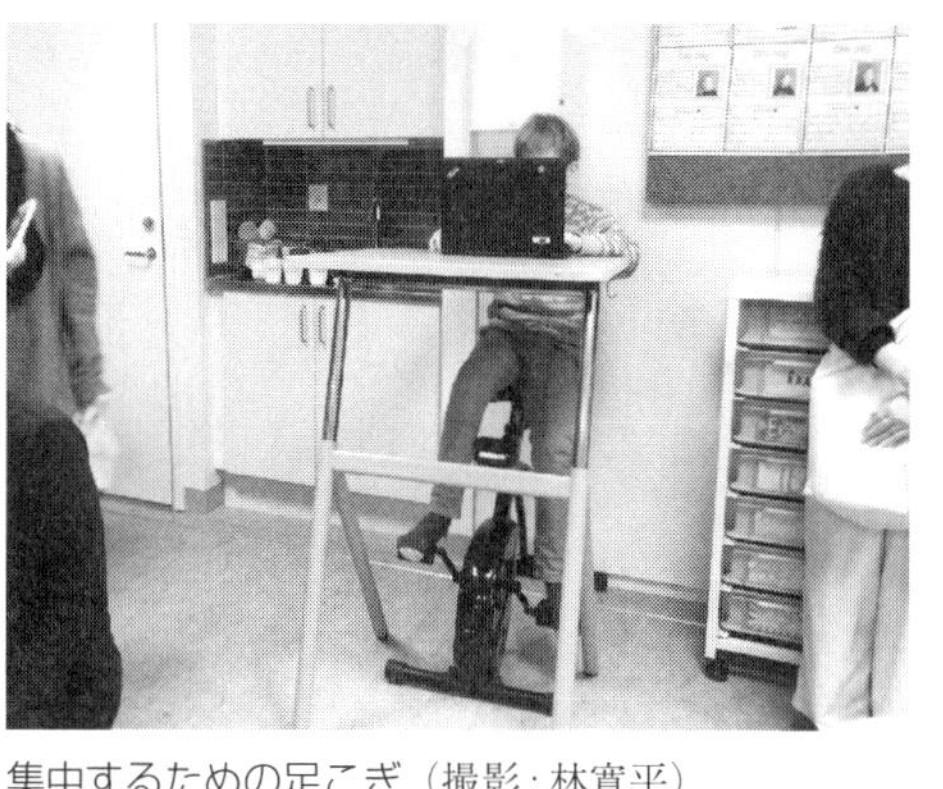

集中するための足こぎ（撮影：林寛平）

第一に、規制緩和の影響がある。かつては国が施設を厳しく管理していたため、全国の学校が機能性とコストを重視した同じような建物のつくりになっていた。1990年代の脱集権化改革によって校長の裁量が大きくなったことで、壁のない教室やひな壇状のロッカー、曲線のベンチなどを配置し、より人間味のある、温かい雰囲気を作ろうとする学校が増えてきた。

第二に、ベビーブームで建てられた校舎に建て替えのタイミングが到来し、さらに近年の生徒数の増加も重なり、多くの学校で改修や増改築が行われていることが挙げられる。改修にあわせて家具を刷新する学校は多い。黒板はスマートボードに代わり、電源つきの協働学習テーブルが設置された。廊下や階段を広くとり、カーペットを敷いて学

個室で本を読む生徒（撮影：林寛平）

習スペースとして活用する学校も多い。

そして第三に、授業スタイルの変化によって、一斉授業に加えて、グループ学習や個別学習など、多様なニーズに対応したスペースが必要になっていることがあげられる。特に、授業に集中できない子どもたちへの配慮として、教室の片隅や階段下などにソファやビーズクッションを置くなどして、リラックスして過ごせるスペースを作ることが多くなっている。教室や廊下などさまざまな場所で学習するようになったことから、安全管理をしやすいように、教室の壁は見通しの良いガラス張りにしたり、ドアに小窓のスリットを入れたりしている。これによって、校舎に開放的な雰囲気が生まれている。

不満とコスト増大の現実

しかし、おしゃれな家具によって生徒や教師が満足しているかというと、そうとも限らない。学校教育庁が２０１６年に行った調査では、基礎学校高学年（日本の中学校に相当）と高校の教員の25%が、自分の学校の環境をネガティブに捉えていた。

エンショッピン市では昨年、学校の掃除に年間１１００万クローナ（約1億３０００万円）を支出した。これは教員20人分の給与に相当する。市の学校には布製のソファやカーペットが約5000点あり、清掃員は毎日これに掃除機をかけなければならない。

アレルギーを持つ子どももいるため、学校の清掃には厳しい基準が設けられている。地元新聞では、学校におしゃれな布地の家具が必要なのか考え直すべきだという意見記事が掲載された。

「家具スキャンダル」

ラホルム市では、「家具スキャンダル」が報じられている。市が公募入札をした際には、AJ Produkter社（以下A社）が最も安い91万3000クローナ（約1000万円）で応札したが、どういうわけか次点のInput Interior社（以下I社）が118万3000クローナ（約1350万円）で落札したのだ。

市は、上下に高さが変えられる机を納入することを要件に入れたが、A社はその要件を満たしていなかった、と説明した。しかし、A社側はこの要件を満たしていたと主張している。問題なのは、この過程の議事録が残されておらず、誰がどの場で意思決定をしたのかが明らかでないことだ。

A社は入札手続きの妥当性を問う訴訟を起こしている。訴訟で入札結果が覆った場合、市は巨額の賠償責任を負うことになる。また、これらの混乱によって、学校施設の利用開始に遅れが出ている。

家具メーカーの販売戦略

学校に家具を納入するメーカーは、「実験」と称する営業活動を各地で仕掛けている。ある基礎学校では、ひとつの教室に家具メーカーから提供された最新の家具を設置し、隣の教室はこれまで通りの環境で授業を行った。

そして、生徒と教師に心地よさや整頓のしやすさなどについてアンケートを採り、物理的環境が学習に与える影響を調べた。家具メーカーの期待に反して、新しい家具を導入したクラスの子どもたちは、実験開始前よりもネガティブな変化があった。結局、この学校ではこれらの家具のほとんどを購入せず、もとの状態に戻してもらうことを選択した。

教師たちの最大の不満は、個々の家具についての改善点を家具メーカーに進言したときに、営業担当者が耳を貸さなかったことだった。

インテリアにこだわりのある北欧人とはいえ、家具は高い買い物である。機能性や耐久性重視を改め、人間性を感じられる、居心地の良い学習空間を作るために、北欧の試行錯誤から学びたい。

［林　寛平］

5 「競争のない教育」の別の顔

進学をめぐる意外な事実

「フィンランドでは高等教育進学をめぐって熾烈な競争が行われている」。ＯＥＣＤ（経済協力開発機構）が刊行した『図表でみる教育　ＯＥＣＤインディケータ（２０１９年度版）』を受けて、フィンランド教育文化省が、自らのウェブサイトを通じて伝えた内容は、「競争がない」というイメージがすっかり定着しているフィンランドの教育の意外な側面を明らかにするものであった。

実際、「出願者の60％超が不合格になっている」というデータが示すように、大学への進学は狭き門である。欧州では、大学進学において、高校卒業資格や大学入学資格のみが求められる国も多い。その中で、フィンランドでは、定員に基づき入学者の選抜が行われているのである。

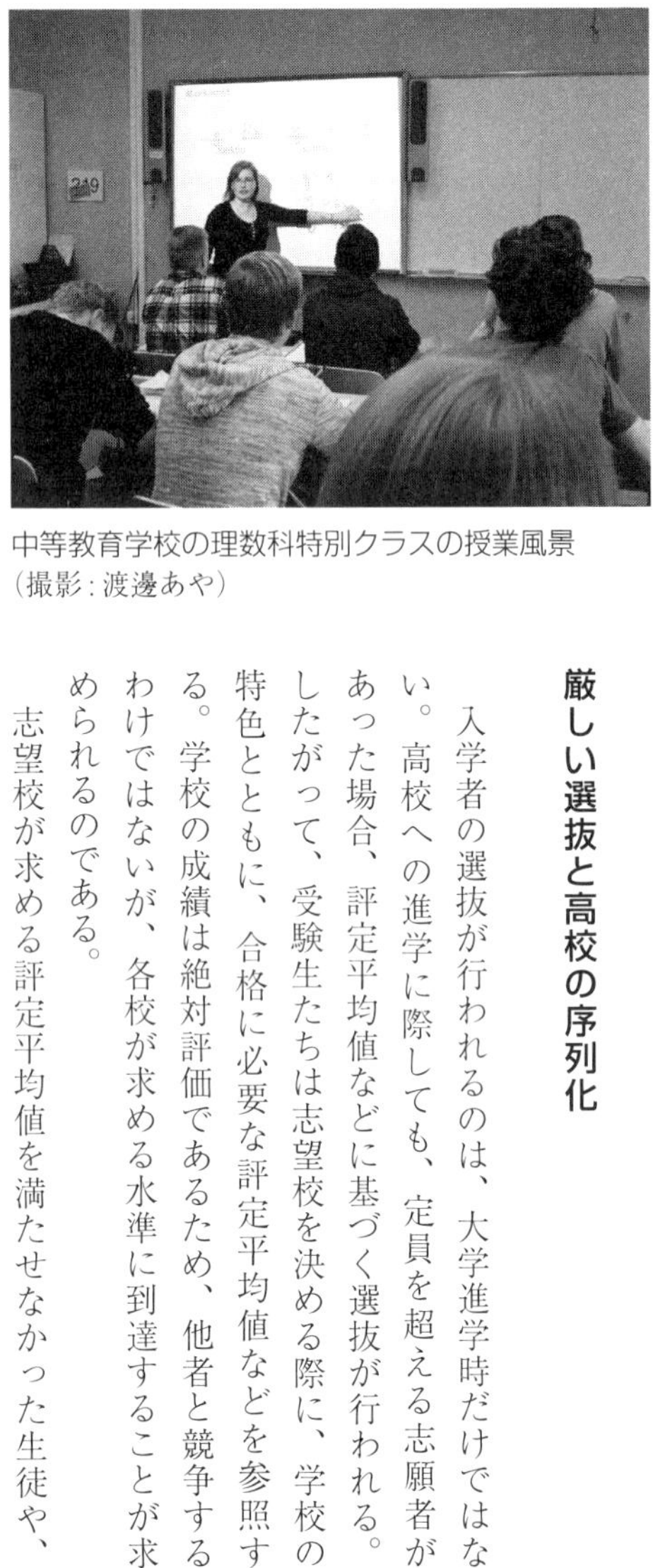

中等教育学校の理数科特別クラスの授業風景
（撮影：渡邊あや）

厳しい選抜と高校の序列化

入学者の選抜が行われるのは、大学進学時だけではない。高校への進学に際しても、定員を超える志願者があった場合、評定平均値などに基づく選抜が行われる。したがって、受験生たちは志望校を決める際に、学校の特色とともに、合格に必要な評定平均値などを参照する。学校の成績は絶対評価であるため、他者と競争するわけではないが、各校が求める水準に到達することが求められるのである。

志望校が求める評定平均値を満たせなかった生徒や、選抜で志望校から入学許可を得られなかった生徒は、「10年生」（付加教育）プログラムに籍を置いて勉強するなどして、次のチャンスを目指すことになる。

目安となる評定平均値が示されるということは、ある種の高校の序列が示されることでもある。毎年、各校の入学に必要な評定平均値の一覧がメディアにより報じられる。同様に、高校別の大学入学資格試験の合格率や平均点も報じられる。難易度が高い学校の多くは都市部の伝統校であるが、近年は言語教育や理数科教育、情報教育などに力を入れた「特別コース」や国際バカロレアコースなども人気を集めている。

制度外の「エリート校」

高校において緩やかな序列が存在する一方、これらとは一線を画した「エリート校」もある。その一例が、フィンランド南部の人口2万人ほどの街にあるパイヴォラ・インスティチュートである。寄宿制の私立学校である同校は、商学、法学、建築、自然科学、観光などさまざまなプログラムを提供している。

とりわけ注目を集めているのが数学コースである。「数学」の名を冠しているが、実際には、物理、化学、情報科学など、理数系科目を広く学ぶ。企業や研究所などと連携しながら展開されるカリキュラムは、高度かつユニークであり、フィンランド全土から優秀な生徒が集ってきている。

ただし、制度上、職業教育機関として位置づけられている同校では、大学入学資格が得られない。そのため、同コースの生徒は、同じ市内にある高校（普通科）にも籍を置いている。二つの学校に籍を置くことで、大学進学の道

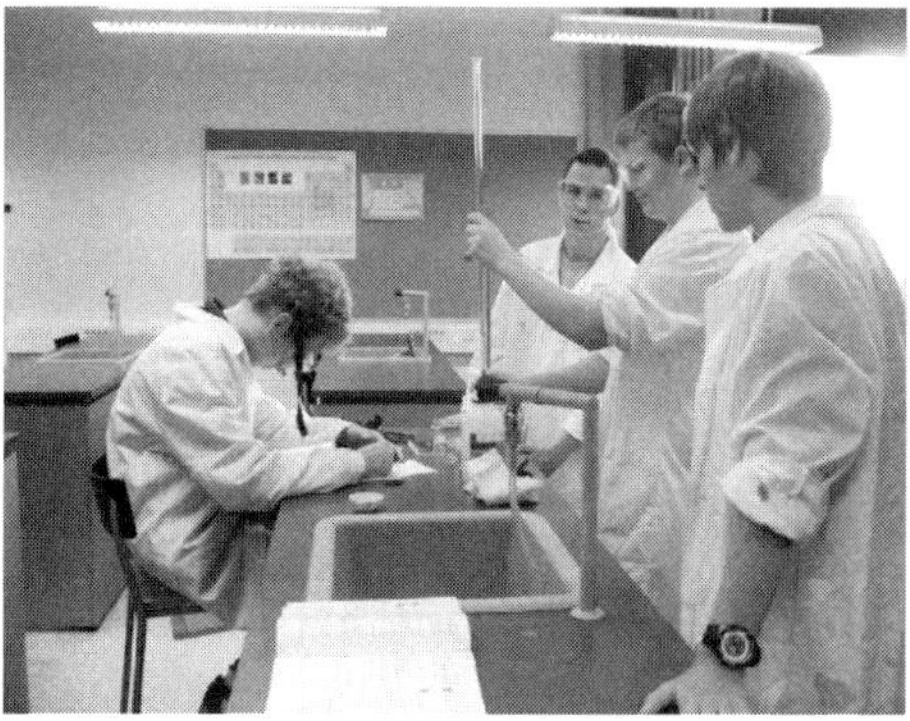

高校の化学の授業風景（撮影：渡邊あや）

大学入学資格試験の会場準備の風景。生徒は通常、在籍する高校で受験する。体育館などを用いることが一般的。（撮影：渡邊あや）

と、専門に特化した高度な学習を両立させている。

　高校の教育課程を履修するだけでも通常3年程度かかるとされる中、数学コースでは、2年間で高校の全課程と数学コースのプログラム双方を修了することを目指している。授業は、9時から21時まであり、休憩や食事を挟むとはいえ、フィンランドの学校としては異例の長さである。夏季にも授業が行われたり、週末も隔週でプログラムが用意されたりするなど、まさに勉強漬けの日々が続く。同校の理事を務めたことがあるタンペレ大学のロポ名誉教授によると、進学実績を含め、卒業後の進路も上々であるという。

　フィンランドは、政策として才能教育に取り組むことについて、否定的な姿勢を貫いてきた。しかしながら、高校における理数科系の特別コースの広がりやパイヴォラ・インスティチュートのような機関の存在からは、才能教育をめぐる状況に変化が生まれてきていることが窺える。

平等主義的な制度が根底に

ここまで、「競争のない教育」というイメージで語られてきたフィンランドの意外な側面を取り上げてきた。しかしながら、その基盤には、居住地や家庭の経済的背景やジェンダーなどにより、機会が制限されることがあってはならないという平等主義の考え方がある。それに基づいて制度設計がなされてきたことは見逃してはならない。いうなれば、「平等に競争するための基盤」づくりである。

近年、塾産業の台頭により、進学機会における平等性が損なわれているのではないかといった新たな課題も指摘される中、フィンランドの教育における平等志向のゆくえが注目される。

［渡邊　あや］

6 高校生は偽ニュースを見破れるか

高校を舞台にした実験

偽ニュースは高校生の投票行動にどのように影響するか。ノルウェー国営放送NRKの教養番組が、これを検証する実験を行った。彼らは2019年の春から半年間、主にソーシャルメディアを活用してオスロ近郊の高校生に偽ニュースを提供し、模擬選挙を操作しようと試みた。この実験を知っていたのは校長のみだった。

番組は偽ニュースのさまざまな手法を使って、近年得票数の低い中央党の票を増やそうとした。まず、ソーシャルメディア上で偽アカウントや偽ページを作成し、ジョーク画像や気候変動など、生徒が関心を持ちそうな話題を振りまき、フォロワーを増やした。そして、選挙が近くなると、中央党の好感度や親近感を上げる情報を流したのだ。

選挙直前に流れた「校庭にオオカミが現れ、猫が殺された」というセンセーショナルな偽動画は、実験校のほとんどの生徒が閲覧し、話題に挙がった。

模擬選挙の結果、中央党は前年よりも得票数を伸ばしたものの、偽ニュースの影響はほとんどなかった。しかし、模擬選挙の翌日に実験のことが明らかにされると、さまざまな方面から批判が噴出し、社会を巻き込んだ議論になった。

民主主義への脅威か、現実か

ノルウェーの学校模擬選挙（skolevalg）は、実際の選挙に合わせて実施される民主主義教育の一環だ。高校生の約7割が参加している。2019年は9月の地方議会選挙に合わせて、その1週間前に実施された。生徒は各政党のマニフェストを吟味し、模擬選挙で投票する。模擬選挙の結果は、実際の選挙の結果を映し出すともいわれる。教育の一環とはいえ、社会全体にとっても意味が大きいイベントだ。

偽ニュース実験に対する批判は、主に三つの側面からなされている。ひとつ目は、模擬選挙とはいえ、民主主義の最も重要な制度である選挙を実験に使ったことへの批判だ。選挙大臣は「ノルウェーは選挙に対する信頼を築いてきたし、偽ニュースに対して注意喚起することにも力を入れてきた」と憤慨し、「国営放送がこのような実験を行うことは許容できない」と非難した。

二つ目は、対象が選挙権を持つ生徒を含む高校生だったことだ。ノルウェーでは18歳で選挙権が得られるため、実際に投票権がある生徒も実験対象には含まれており、期日前投票に行っている生徒がいた場合、投票行動に影響を与えかねなかった。ノルウェーでは政党の青年団で活動する高校生も多い。この実験は、高校生の選挙や政治参加活動を軽視するものだ、という批判があがった。

三つ目は、教育的側面だ。オスロ大学の研究者らは、情報の批判的吟味という番組の目的には賛同しながらも、「情報操作は教育手法としては認められない」という。生徒らに、偽ニュースに対する知識やスキルを身につけてほしければ、より体系的な教育や、長期的な展望が必要で、今回の実験は国営放送のような確立されたメディアに対する不信感を醸成するだけで、教育的な成果がないのではないか、というのである。

「自分の身にも起こりえる」

実験校の生徒や教員からは、好意的な意見も聞かれた。生徒たちは実験についてショックを受けつつも、「クール!」「勉強になった」「偽ニュースのことは知っていたけれど、ノルウェーでも起こりえることだと分かった」「情報操作の影響があまりなかったので誇らしい」といった声が聞かれた。また、実験校でメディア教育を担当する教員は、「生徒は、これまでにないくらい学びに意欲的になった」と報告している。

実験後に放送されたドキュメンタリー番組では、生徒たちが期間中、偽アカウントや偽ニュースに気づくような発言をする様子も紹介されていた。

スマホやタブレットを通して情報が簡単に手に入る時代に、受け取る情報を批判的に吟味する力は不可欠だ。偽ニュースによる操作は、どこかの国の誰かを対象としているのではなく、まさに自分の身に起こりうる。

ノルウェーの番組が行った実験は、倫理的・教育的に問題の多いものだったかもしれない。しかし、偽ニュースが水面下で確実に流布している現実世界で、私たちは教育を通して何ができるか。大胆な実験が示唆することは多い。

［中田麗子］

おわりに

スウェーデンのプリスクールに5歳の息子をはじめて連れて行った時、朝のおやつの時間だった。「欲しい果物を好きなだけ食べていいよ」と先生にいわれた時の、息子の驚いた顔が忘れられない。特別な日なのかと思ったらしい。しかしそれは、毎日の風景だった。

輪になって座る子どもたちに、3種類の果物を先生が切り分けて順に渡す。最後までゆき渡ったら、おかわりすることができ、三つ目をもらう子もいた。みんな同じ数ではなく好きな数だけ、みんな同じ果物ではなく好きな果物を選べることが、息子には想定外だったらしい。

子ども一人一人に合わせること、言い方を変えれば、合うものを本人が選べることが、スウェーデンでは大切にされている。さまざまな場面でそれを実感した。

在外研修で1年間スウェーデンに住む機会を得て、大学での議論や研究もさることながら、保護者としてプリスクールや学校に関わる中で気づくことも多かった。そんな日常のエピソードから、本書の内容のヒントを得た。

どんな土地でもそうだが、外から見ているのと、住んでみるのとでは、ずいぶん違う。高福祉の北欧は理想郷として語られることが多く、それが生み出された努力や歴史、そして矛盾や葛藤の存在は見落とされがちだ。こうした側面に迫りたいと思いながら毎回の原稿を書いた。さまざまなエピソードを通して、北欧の魅力、課題、葛藤を、身近に感じていただけると幸いである。

原稿執筆の際には必ず、他の執筆者から細部にわたるコメントが入り、議論をした。この連載のおかげで、スウェーデンの暮らしに欠かせないコーヒータイムの話題には事欠かなかった。そして、執筆のプロセスは非常に有意義だった。本書の半分は北欧滞在中に執筆したものだが、残りの半分は帰国後、また北欧教育研究会のメンバーが執筆したものである。ウプサラで連日議論しあった仲間とともに、北欧教育研究を和やかに、そして真剣に深め広げ続けられる研究会の存在に感謝したい。

最後になりましたが、連載を温かな言葉で励ましてくださった教育新聞の小木曽浩介様、そして、本書の出版を快諾してくださった明石書店の安田伸様、編集に尽力をいただきました黄唯様に深く感謝いたします。

本所　恵

●本書の原稿執筆にあたり、以下の科研費の助成を受けている。
16H05960, 16K13521, 17H04569, 18H00060, 18K02422, 18K02793, 18K13051, 18K13071, 18KK0059, 19H00618, 19K20956, 20H00098, 20H01675, 20K02699

初出一覧

教育新聞『世界の教室から　北欧の教育最前線』タイトル・掲載年月日（電子版）

※「―」となっている節は本書が初出。

第1章

1　「キャッシュレス時代の算数」（2018年7月13日）
2　「スウェーデンおむつ論争」（2019年12月7日）
3　「みんなのアントレ教育」（2019年3月10日）
4　「ICTで休校問題は解決するか？」（2020年4月18日）
5　「人を貸し出す図書館」（2019年7月21日）
6　「広がるホイスコーレの世界」（2020年1月14日）
7　「一人一人が『グレタさん』」（2020年10月26日）
8　―
9　「『選ぶこと』と民主主義」（2018年9月28日）
10　「デンマークの子供・若者議会」（2020年1月25日）

第2章

1　「敬称改革（Du-reformen）先生に『やあ、モニカ！』」（2018年11月2日）
2　―
3　「余暇活動の専門家」（2019年8月17日）
4　―
5　―
6　「スウェーデンのレッジョ・インスピレーション」（2020年4月4日）
7　「スウェーデンの高校進学（上）」（2018年7月27日）
　　「スウェーデンの高校進学（下）」（2018年8月10日）
8　「先住民族サーメの教育（上）」（2019年8月31日）
　　「先住民族サーメの教育（下）」（2019年9月14日）
9　―
10　「体育の授業増で学力向上？」（2019年1月20日）
11　「入試がない国の学校成績」（2019年2月10日）
12　「何のための目標と成績か？」（2018年9月21日）

第3章

1　「増える学校の特別食」（2018年10月19日）
2　「最優秀学校給食を目指せ！」（2018年11月30日）
3　「『オスロ朝食』からランチパックへ」

（2019年2月24日）
4　「無理しない行事の工夫」（2019年8月3日）
5　「極夜の国の登下校」（2019年1月27日）
6　「教育犬やペットのいる教室」（2019年11月25日）
7　「スウェーデン流お便り帳？」（2018年9月7日）
8　―
9　―
10　「デンマークの図書館のメーカースペース」
（2020年3月21日）
11　「ひとりぼっちのクリスマス」（2018年12月16日）

第4章

1　「スウェーデンの英語教育」（2019年4月7日）
2　「思考力を育み評価する高校の試験」（2019年6月9日）
3　「高校中退のセーフティーネット」
（2019年5月26日）
4　「スウェーデン版チーム学校」（2018年11月17日）
5　「『0年生』から始まる義務教育」
（2019年3月24日）
6　―
7　「教員不足にあえぐスウェーデン」
（2019年10月12日）
8　「宿題ポリシー」（2018年12月30日）
9　―
10　―
11　「フィーカと授業研究」（2019年6月23日）
12　「スウェーデン人が見た日本の算数」
（2019年7月7日）

第5章

1　「スーパーティーチャーの影」（2018年8月24日）
2　「インターネットで学校が買える」
（2018年10月5日）
3　「エデュ・ツーリズムと視察公害」
（2019年4月21日）
4　「教室のおしゃれ家具の裏事情（前編）」（2020年2月7日）
「教室のおしゃれ家具の裏事情（後編）」（2020年2月22日）
5　―
6　「高校生は偽ニュースを見破れるか」
（2019年11月9日）

矢田明恵（やだ・あきえ）
ユヴァスキュラ大学ポスドクリサーチャー。専門はインクルーシブ教育、発達臨床心理学。2014年にフィンランドにて出産を経験。利用者の立場から、フィンランドのネウボラや幼児教育にも関心を持つ。黒パンとカンタレリのスープが大好物。

矢田匠（やだ・たくみ）
フィンランド国立教育研究所ポスドクリサーチャー。専門は教育経営学、教育リーダーシップ論。2013年より学校組織の新しいリーダーシップの形を探しにフィンランドへ移住。「サウナの中は皆が平等で、上下関係はない」という言葉にヒントがあるのではと考えている。

矢野拓洋（やの・たくみ）
（一社）IFAS共同代表、東京都立大学大学院都市政策科学域博士後期課程在籍。専門は都市政策学。デンマークの建築設計事務所に勤務していた頃、デンマークの個人と集団の関係に惹かれ、その関係について深く考えることができるホイスコーレを日本に広める活動を行っている。

和気尚美（わけ・なおみ）
三重大学地域人材教育開発機構助教。専門は図書館情報学、公共図書館論。2年間シリアに滞在後、留学先のデンマークで図書館にシリア方言のアラビア語話者が集うのを目にし、移民と図書館の関係に関心を抱く。レバポスタイ（レバーパテ）に目がない。

渡邊あや（わたなべ・あや）
津田塾大学学芸学部准教授。専門は比較国際教育学、高等教育論。キルップトリ巡りで収集したヴィンテージ食器や古い教科書、学校史などから、かつてのフィンランドの人々の社会や暮らし、教育に思いを馳せることが最近の楽しみ。

原田亜紀子（はらだ・あきこ）
慶應義塾高校教諭、明治学院大学社会学部付属研究所研究員。専門は比較教育学。2002年に高校を休職し、コペンハーゲン大学に行ってから、森での散歩と友人宅でのおしゃべりを楽しみに暮らしているデンマーク人の生活に魅せられ、毎年渡航。

伏木久始（ふせぎ・ひさし）
信州大学大学院教育学研究科教授。専門は教師教育学、教育方法学。東京都内で小中高の教諭経験を経て2003年より信州大学教育学部へ転任。北欧の学校現場を訪問し続けるフィールドワーカー。フィンランド人以上にコーヒーをこよなく愛す。

松田弥花（まつだ・やか）
高知大学教育学部助教。専門は社会教育学、生涯学習論。留学中に、何度でもやり直しができる社会に魅せられた。移動中のお供はリンドグレーン自身による「やかまし村の子どもたち」のオーディオブック。

松本進乃助（まつもと・しんのすけ）
東北学院大学文学部助教。専門は音楽教育学。北欧の音楽や音楽家の演奏に魅せられたことが研究のきっかけ。2015年に客員研究員としてスウェーデンに滞在。トランペットを演奏し、現地ではアカデミーオーケストラにも参加。

両角達平（もろずみ・たつへい）
（独）国立青少年教育振興機構研究員。専門は欧州の若者政策論、ユースワーク。「日本の若者はなぜ社会に参加しないのか」という問いからスウェーデンの若者の社会とのかかわりを探りはじめた。ブロガー。長野の牧場育ちの乳製品好き。

矢崎桂一郎（やざき・けいいちろう）
東京大学大学院教育学研究科博士課程在籍、日本学術振興会特別研究員。専門は保育学。スウェーデンでの1年間の交換留学をきっかけに、子どもを権利主体として尊重する同国の保育制度に関心を持つ。スウェーデン語は勉強中。

〈執筆者紹介〉（50音順）

浅井幸子（あさい・さちこ）
東京大学大学院教育学研究科教授。専門は学校教育、幼児教育。レッジョ・エミリアの教育思想に影響を受けたプリスクールに関心をもち、2018年に初めてストックホルムを訪問した。スウェーデン初心者。

太田美幸（おおた・みゆき）
一橋大学大学院社会学研究科教授。専門は教育社会学、ノンフォーマル教育。リンドグレーンの児童文学とエレン・ケイの社会美思想に導かれてスウェーデンの社会と文化を探究。日々の楽しみは北欧のミステリ小説とハンディクラフト。

是永かな子（これなが・かなこ）
高知大学教育研究部人文社会科学系教育学部門教授。専門は特別支援教育学。20歳の時にスウェーデンに留学し、障害がある当事者や家族がそれぞれ個人としての生活を送る様子を目の当たりにしてとても驚いた。それ以来、北欧の謎を探っている。

澤野由紀子（さわの・ゆきこ）
聖心女子大学現代教養学部教授。専門は比較教育学、生涯学習論。1990年代前半に文部省で外国調査を担当していた際、OECDでスウェーデンの教育政策レビューの会議に参加する機会があり、以来教育の北欧モデルに魅せられている。野外博物館スカンセンが大好き。

鈴木賢志（すずき・けんじ）
明治大学国際日本学部教授、（一般）スウェーデン社会研究所所長。専門は政治学・国際研究。2007年までストックホルム商科大学に勤務するも、リストラに遭い帰国。10年も北欧に住み、アイスホテルに3度泊まるもオーロラに1度も遭遇しなかったことは、もはや自慢である。

長谷川紀子（はせがわ・のりこ）
ノルウェーのトロムソ大学特別研究員。専門は教育人類学、比較教育学。北欧で、ひたすら先住民族サーメの教育に焦点を当てて研究を続けている。北極圏の大自然、トナカイとともに生きるダイナミックな暮らし振りに憧れ続け、追いかけて十数年。

〈編著者紹介〉

林寛平（はやし・かんぺい）
信州大学大学院教育学研究科准教授。専門は比較教育学、教育行政学。2002年にヨーテボリの基礎学校で教員を経験。フィーカのコーヒーとお菓子、雑談文化が染みついてしまったため、「働きたくない夫」としてワークライフバランスの新様態を模索中。

本所恵（ほんじょ・めぐみ）
金沢大学人間社会研究域学校教育系准教授。専門は教育方法学、教育課程論。成績ではなく将来の職業を考えて進路を選ぶスウェーデンの高校に関心をもち、北欧教育研究をはじめる。冬のスウェーデンで、セムラの美味しいカフェ巡りをするのが好き。

中田麗子（なかた・れいこ）
東京大学大学院教育学研究科特任研究員、信州大学教育学部研究員。専門は比較教育学。高校時代にノルウェーで1年間ホームステイをし、ノルウェー文化と方言を学ぶ。スウェーデンにも在住経験がある。パンに、チーズとサバのトマト煮を載せる朝食がおすすめ。

佐藤裕紀（さとう・ひろき）
新潟医療福祉大学健康科学部講師。専門は比較教育学、生涯学習論。2006年にホイスコーレに留学以来、多層的にある生涯学習の機会に興味を持つ。格安な宿泊先の確保、日本でのヒュッゲな暮らし方、対話を重んじた子育てについて日々奮闘中。

北欧教育研究会（Study Circle on Nordic Education）
北欧5カ国（アイスランド、スウェーデン、デンマーク、ノルウェー、フィンランド）の教育に関心を持つ人たちの集まりとして2004年にスタート。研究者や学生だけでなく、主婦やビジネスマンなど、多様なメンバーが集まって、北欧の教育に関する情報交換や勉強会を行っている。
http://nordiskutbildning.blogspot.com/

北欧の教育最前線――市民社会をつくる子育てと学び

2021年 2月28日　初版第1刷発行
2021年11月22日　初版第2刷発行

編著者　北欧教育研究会
発行者　大江道雅
発行所　株式会社　明石書店
〒101-0021 東京都千代田区外神田6-9-5
電話　03（5818）1171
FAX　03（5818）1174
振替　00100-7-24505
https://www.akashi.co.jp/

装丁　明石書店デザイン室
印刷・製本　モリモト印刷株式会社

（定価はカバーに表示してあります）　ISBN 978-4-7503-5148-3